インターンシップを ひとつひとつわかりやすく。

［監修］内定塾

Gakken

はじめに

　就職活動は、あなたにとって「人生のターニングポイント」になります。どの企業に就職するかで、あなたの人生のあり方が決まってしまうかもしれません。

　就活には、受験のように模擬試験はなく、自分が今どのレベルにいるかを明確にする基準もないため、多くの学生が「準備をしたつもり」になったままで活動を始めているように思います。

　現在の日本では、求人数だけを見れば「売り手市場」、つまり学生側が企業を選び放題のように思えます。しかし、学生の質をしっかり見極めて採用する企業が多いため、じつは「売り手市場」とはいいきれません。ですから、就活を始める前に適切な準備をする必要があるのです。
　インターンシップは就活の準備のひとつといえます。

　年々、インターンシップの重要性が増しています。インターンシップに参加するには選考を通過しなければならない場合もありますが、「ノウハウ」と「コツ」さえつかめば、あなたも突破できるはずです。
　本書の解説をじっくり読み込み、「EXERCISE」を実践して、そのノウハウとコツをマスターしてください。「何を準備したらいいのか？」「どのように行動すべきなのか？」といった疑問に本書はお答えします。「自信がない」「不安に感じている」あなたの役に立つはずです。

　新卒の就職活動は人生一度きりです。後悔がないよう進めてほしいと思います。ぜひ本書をそのための「就活バイブル」として大いに活用してください。

　　　　　　　　　　　　　　　　　　　　　　　　　内定塾

就活
お役立ち情報

ボクはナイテイペンギン！
内定獲得をサポートするよ！

就活は情報戦

就活の準備は「情報の収集と整理」から！

就活の準備と聞くと、エントリーシートの添削や面接の練習など、選考過程の対策をイメージする人が多いかもしれません。もちろん、選考過程の対策は重要ですが、つい見落としがちなのが「**情報の収集と整理**」の段階。じつは、「就活の成否は、情報の収集と整理で決まる！」といっても過言ではないくらい重要なフェーズなのです。

情報をいち早くキャッチ。効率的に動く！

卒業の前年度（大学3年生や修士1年生など）の夏前には就活の準備が始まります。この頃は、興味のある業界のインターンシップに参加する時期です。

就活が本格化してくるのは、ちょうど学年が切り替わる前の3月からです。この時期は、各企業の会社説明会が毎日多く開催されると同時に、SPIなどの受検やエントリーシートの提出なども続き、一気に忙しくなります。そのため、**落ち着いている時期に情報収集し、効率的に動くようにしましょう**。

情報を整理する！

- **業界研究**
  まず第一におすすめしたいのは、自分が志望する業界や企業について調べること。業界や企業について調べることを業界研究といいます。世の中には非常にたくさんの企業があります。興味のある業界にはどのような企業があり、どのように関係しているのかを調べることで、新たに気になる企業が見つかるかもしれません。

- **自己分析**
  業界研究をするときに同時におすすめしたいのが、自分自身についての情報整理です。自分の専攻分野や好きな商品・サービス、希望する働き方など、**「自分」に関するさまざまな観点から志望業界を決めていくとよいでしょう**。このように、自分自身のプロフィールや強み・弱みなどを整理していくことを自己分析といいます。自己分析を行うと、就活の道筋がはっきり見えてきます！

就活準備を始めるのに「早すぎる！」はない

業界研究や自己分析は、日常の意識を変えるだけでもすぐに始められます。たとえば、ニュースの特集から気になる企業を見つけたり、友人との会話から自分の強みを発見したりできるかもしれません。

就活が本格的に始まると、ゆっくりとした時間が取れなくなります。**早い段階から意識を変えて、こまめに「情報の収集と整理」を心がけていきましょう。**

学年	時期	主な出来事	
		外資系企業	日系企業
卒業の前年度　大学3年生や修士1年生など	6月	夏期インターンシップのエントリー	夏期インターンシップのエントリー
	7月	夏期インターンシップ開催	
	8月		夏期インターンシップ開催
	9月	エントリー期間	
	10月	選考・会社説明会・エントリーシートの提出・筆記試験や面接	冬期インターンシップのエントリー
	11月		
	12月		
	1月		冬期インターンシップ開催
	2月		
	3月		エントリー開始
卒業する年度　大学4年生や修士2年生など	4月	内々定	選考・会社説明会・エントリーシートの提出・筆記試験や面接
	5月		
	6月		
			内々定
	10月	内定式	

スケジュールは業界や企業によって異なるよ。最新の情報は志望する企業の採用サイトなどで確認しよう！

就活情報の集め方

【就活ナビサイト】

ナビサイトでは、インターンシップや会社説明会実施の情報など、就活に役立つ情報が手に入ります。株式会社リクルートが提供するリクナビや株式会社マイナビが提供するマイナビなどの総合就職ポータルサイトが代表的ですが、外資系やベンチャー企業、ある業界に特化した専門のナビサイトもあります。自分自身の志望する業界や企業に合わせて活用するナビサイトを決めると、役に立つ情報を効率よく得ることができます！

【SNS】

多くの企業は採用にSNSを活用しており、会社説明会の内容や選考情報などをSNSで告知したり、社内や社員の雰囲気を発信したりしています。いち早く情報をキャッチできるだけでなく、採用サイトだけでは伝わらない会社の様子が視覚的にわかるというメリットもあります。

また、選考過程で役立つSPIや時事問題のポイント、面接のコツなどを発信しているアカウントもあり、対策にも活用できます。ただし、SNSを活用する際は発信元をしっかり確認し、情報の取捨選択をしましょう。

【就活対策書籍】

就活対策書籍は、選考段階に応じてさまざまなものがあります。たとえば、SPIや一般常識のような試験対策、エントリーシートの書き方や面接のコツの解説などです。自分が不安に思っていたり、対策をしておきたかったりするジャンルのものを選び活用しましょう（くわしくは9ページ参照）。

また、企業情報や業界の関係性を紹介する書籍もあります。全体像を捉えるのが難しい業界や企業の関連性などがわかるため、業界研究には必須のアイテムです。ナビサイトやSNSとあわせて活用しましょう。

【大学のキャリアセンター】

就職活動を支援するキャリアセンターでは、学内説明会やインターンシップなどの情報を得たり、エントリーシートの添削や面接の練習などの支援を受けたりすることができます。企業によっては、大学限定のイベントや、学部・研究科限定のインターンシップの案内があることも。このようなキャリアセンターでしか入手できない情報もあるので、こまめにチェックするようにしましょう。

【説明会】

就活の説明会で代表的なものは、大規模な会場で開催される総合型の説明会です。ここには、業界を問わず多くの企業が集まるため、想定していなかった業界や企業と出合うことができるというメリットがあります。

また、大学内で開催される学内説明会には、卒業生が説明に来ることも多くあります。OB・OGから、実際に苦労したことや、やっておいてよかったことなどの体験談を聞くことで、よりリアルに就活に向き合えるでしょう！

【OB・OG訪問】

OB・OG訪問とは、志望する業界で働く先輩のもとを訪れ、実際の業務内容や業界・会社の情報を聞くこと。キャリアセンターに登録されている先輩の卒業後の進路を参考にしたり、友人・知人などに紹介してもらったりして、話を聞きたい先輩を探すとよいでしょう。ナビサイトやSNSなどでは手に入らない業務の実情や本音を聞くことができるので、志望度の高い企業であれば、ぜひOB・OG訪問をしてみることをおすすめします！

実際に働いている先輩の声は貴重だね！

先輩からのアドバイス

幅広く業界を見ていてよかった！

　就活を始めてすぐの頃は、自分が興味のある業界にしぼって活動をしていました。ところが合同説明会でまったく違う業界の会社の説明を聞き、その業界にも興味を持つようになりました。結果として、当初考えていた業界ではないところに就職することに。就活のときほど多くの業界や企業と出合えるタイミングはありません。視野を広げる意識を持つと新しい発見があるかもしれませんよ。

業界研究や企業研究を念入りにすればよかった…

　就活が本格化してくると、毎日多くの会社説明会に参加したり、エントリーシートの準備をしたりと時間に追われるようになりました。目の前のことをこなすことで手一杯になってしまい、業界研究や企業研究は、つい後回しにしがちでした。エントリーシートを書くときになってから、「もっとちゃんとやっておけばよかった…」と後悔したので、これから就活を始めるという方は、時間に余裕があるときから調べ始めたほうがよいと思います。

SPIの対策を早くからしておけばよかった…

　私は数学が苦手で、大学受験でも数学は使いませんでしたが、SPIの問題内容を見ると数学の問題（非言語分野）が多くて困惑しました。あわてて対策をして、簡単な計算問題はすぐにできるようになりましたが、SPIの特徴的な出題形式に慣れるには時間がかかりました。就職活動が本格化する前に対策をしておけばよかったと後悔したので、みなさんにはぜひ早めに対策を始めることをおすすめしたいです。

就活をひとつひとつシリーズ

累計850万部突破のロングセラー参考書「ひとつひとつわかりやすく。」シリーズの就活版！　丁寧な解説でわかりやすく、効率よく就活を進めることができます。内定獲得を徹底サポート！

最新のシリーズ詳細はこちらをチェック！

CONTENTS

はじめに …………………………………… 002

就活お役立ち情報 ………………………… 003

PART 1 なぜ今、インターンシップに参加するのか？

- LESSON 01 インターンシップの魅力を知ろう …………………………… 016
- LESSON 02 インターンシップの「今」を知ろう ……………………… 018
- LESSON 03 就活スケジュール〔大学3年生〕 ……………………… 020
- LESSON 04 就活スケジュール〔大学4年生〕 ……………………… 022
- LESSON 05 インターンシップの目的 …………………………………… 024
- LESSON 06 インターンシップのタイプ ………………………………… 026
- LESSON 07 インターンシップの期間 …………………………………… 028
- LESSON 08 インターンシップで得られる5つの力 …………………… 030

インターン生のギモン　インターンシップのための資格取得 ………………………… 032

PART 2 インターンシップの選考を突破するための対策をしよう

- LESSON 09 インターンシップの選考フロー……034
- LESSON 10 インターンシップの選び方と探し方……036
- LESSON 11 参加企業を決める① 期間で選ぶ……038
- LESSON 12 参加企業を決める② 内容で選ぶ……040
- LESSON 13 自己分析① 大学生活を振り返る……042
- LESSON 14 自己分析② エピソードを掘り下げる……044
- LESSON 15 自己分析③ 自分の「強み」を言葉にする……046
- LESSON 16 自己分析④ 自分の「価値観」を知る……048
- LESSON 17 自己分析⑤ 自己分析シートを完成させる……050
- LESSON 18 自己PR作り① 要素を整理する……052
- LESSON 19 自己PR作り② 実例を学ぶ……054
- LESSON 20 自己PR作り③ 文章化する……056
- LESSON 21 志望動機作り① 要素を整理する……058
- LESSON 22 志望動機作り② 実例を学ぶ……060
- LESSON 23 志望動機作り③ 文章化する……062
- LESSON 24 筆記試験対策① SPI……064
- LESSON 25 筆記試験対策② 適性検査と一般常識……066
- LESSON 26 面接のコツ① 心得と振る舞い……068
- LESSON 27 面接のコツ② 集団面接……070
- LESSON 28 面接のコツ③ 個人面接……072
- LESSON 29 面接のコツ④ 伝え方を工夫する……074
- LESSON 30 面接のコツ⑤ 質問と回答例その1……076
- LESSON 31 面接のコツ⑥ 質問と回答例その2……078
- LESSON 32 面接のコツ⑦ 面接室の入退室……080
- LESSON 33 面接のコツ⑧ 失敗を防ぐ……082
- インターン生のギモン 面接やグループディスカッションの練習法……084

PART 3 インターンシップに参加するための準備をしよう

- LESSON 34 社会人としての身だしなみ……086
- LESSON 35 社会人としての振る舞い[基本編]……088
- LESSON 36 社会人としての振る舞い[行動編]……090
- LESSON 37 正しい敬語と言葉遣い……092
- LESSON 38 参加する企業を研究する……094
- LESSON 39 業界の情報もチェック……096
- LESSON 40 オンライン対策[準備編]……098
- LESSON 41 オンライン対策[好印象のコツ&実践編]……100
- LESSON 42 参加する目的を明確にする……102
- LESSON 43 インターンシップの準備チェックリスト……104

インターン生のギモン インターンシップの座談会での質問……106

PART 4 インターンシップ実践！仕事の基本をおぼえよう

- LESSON 44　企業の評価ポイント …………………………… 108
- LESSON 45　仕事の基本①　スケジュール管理 ……………… 110
- LESSON 46　仕事の基本②　あいさつとビジネス会話 ……… 112
- LESSON 47　仕事の基本③　指示の受け方 …………………… 114
- LESSON 48　仕事の基本④　席次のマナーと名刺交換 ……… 116
- LESSON 49　グループワーク①　概要と基本的な流れ ……… 118
- LESSON 50　グループワーク②　成功のポイント …………… 120
- LESSON 51　グループディスカッション①　概要と役割分担 … 122
- LESSON 52　グループディスカッション②　成功のポイント … 124
- LESSON 53　グループディスカッション③　キーフレーズ … 126
- LESSON 54　グループディスカッション④　失敗を防ぐ …… 128
- LESSON 55　プレゼンテーションの仕方 ……………………… 130
- LESSON 56　ビジネスメールを使いこなす［基本編］ ……… 132
- LESSON 57　ビジネスメールを使いこなす［応用編］ ……… 134
- LESSON 58　電話の基本マナー［電話をかける］ …………… 136
- LESSON 59　電話の基本マナー［電話を受ける］ …………… 138

インターン生のギモン　インターンシップ中のトラブル …………… 140

PART 5 インターンシップを振り返り内定につなげよう

- LESSON 60 インターンシップを振り返る ……………………… 142
- LESSON 61 社員からのフィードバックをまとめる ……………… 144
- LESSON 62 自分の強み・弱みの再検討 ……………………… 146
- LESSON 63 「就活の軸」を再検討する ………………………… 148
- LESSON 64 エントリーシートへの落とし込み ………………… 150
- インターン生のギモン インターンシップと学業の両立 ……………………… 152

PART 6 先輩たちのインターンシップリアル体験記

- インターンシップ参加報告シート No.01 ……………… 154
- インターンシップ参加報告シート No.02 ……………… 156
- インターンシップ参加報告シート No.03 ……………… 158
- インターンシップ参加報告シート No.04 ……………… 160
- インターンシップ参加報告シート No.05 ……………… 162
- インターンシップ参加報告シート No.06 ……………… 164
- インターンシップ参加報告シート No.07 ……………… 166
- インターンシップ参加報告シート No.08 ……………… 168
- インターンシップ参加報告シート No.09 ……………… 170
- インターンシップ参加報告シート No.10 ……………… 172
- インターン生のギモン インターンシップ中の人脈作り ……………………… 174

ブックインブック 就活ベンリ手帳

PART 1

なぜ今、インターンシップに参加するのか？

今、インターンシップに参加する学生が増えています。
そもそもインターンシップとは、なんでしょうか？
目的や種類、スケジュールなどの概要を紹介しながら、
インターンシップに参加するメリットや
そこで得られる学びについて解説します。

LESSON 01 インターンシップの魅力を知ろう

　まずは、インターンシップの魅力がどこにあるのか知っておきましょう。ここでは、実際に体験した先輩たちの声を一部紹介します。

どんなことをするのか？

　参加者でグループを作り、ひとつの目的を達成するためにワークを行うことが多いようです。ワークは、実際の業務とほぼ同じ内容を実践するため、事前に業務内容を予習してからのぞんだほうがよいでしょう。

- ショッピングセンターのコンセプトを企画する
- Webサイトを制作する
- 中小企業の社長に不動産を提案する
- 鉄道沿線の地域を活性化する方法を考える

楽しかったことは？

　ワークによって良質な成果物が生み出されることに達成感をおぼえた人が多かったようです。大学の勉強では味わえない体験で、就職後に「働くこと」の楽しさを感覚的につかめるのは、インターンシップのメリットといえるでしょう。

- 一人では思いつかないような成果物ができた
- プログラミングしたものが実際のサイトに反映された
- 自分の考えた段取りがうまくいった
- 社員と話ができ、職場の空気も感じ取れた

どんなものが得られるのか？

チームワークや段取りの仕方など、実際に仕事に必要な基本的なスキルが身についた、という声が多くありました。就活を本格的に始める前から、すでに社会人になるための準備ができるのもインターンシップの魅力でしょう。

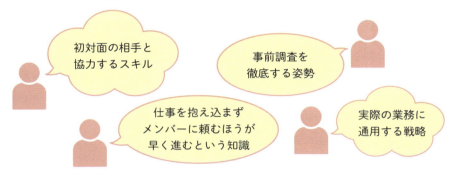

苦労したことは？

チームで課題に取り組んだ経験がなかったり、業務に関する知識が足りなかったりして、ワークが思うように進まなかったことに苦労した人が多くいました。ただし、大きな苦労や失敗もまた今後の糧になるはずです。

インターンシップにはじめて参加したのは「大学3年生の夏」と答えた人が多数派でした。また、グループワークも含めてオンラインで実施する企業が多いのも注目したいところです。

先輩たちのリアルな声はPART 6で紹介しているよ

LESSON 02 インターンシップの「今」を知ろう

ここでは、企業によるインターンシップの実施状況や今後のあり方などを解説します。準備を始める前に概要を知っておきましょう。

近年、就活シーンは採用直結＆早期化が進んでいる

就活は、大学3年生の6月が標準的なスタートの時期です。その後すぐに夏期インターンシップのエントリーが始まり、8月にインターンシップ実施。さらに冬期インターンシップをはさみ、3月から就活が本格化します（具体的なスケジュールはLESSON03参照）。

しかし実際は、3年生の夏以降から「採用直結型」のインターンシップを行う企業や、秋〜冬に面接を実施して内々定を出す企業もあります。

2024年卒まではインターンシップで企業が取得した学生情報を採用選考活動に利用してはならないとされていますが、インターンシップが早期選考の場となっているケースもあります。また2025年卒からはインターンシップで取得した学生情報を採用活動に活用できるようになるため、**採用直結型のインターンシップは今後も増え、就活の早期化はますます進むと予想されます。**

学生側も早期の対策が必須

企業の採用活動の早期化にともない、学生も早い時期から対策を始めておく必要があります。インターンシップに参加すると、業界や業務に対する理解が深まるメリットがある一方で、事前に業界・企業研究をある程度進めておかないと、そもそもインターンシップのワークに取り組めないケースも。**就活が本格化する前に、自己分析や志望動機を固めておきましょう。**

ココがポイント！
大学3年生の春から自己分析などを始めておく

018

2025年卒からインターンシップが大きく変わる

国公私立大学と経団連の代表者で組織された「採用と大学教育の未来に関する産学協議会」は2022年4月、報告書『産学協働による自律的なキャリア形成の推進』を発表しました。報告書では、**インターンシップを4つの類型に分けるほか、インターンシップを本選考につなげる（学生の情報を採用活動に利用する）ことが可能になった**点を明記しています（4つの類型についてはLESSON06参照）。

2025年卒からは、報告書で示された方針にしたがって、インターンシップが実施されていくことが予想されます。

学生のキャリア形成を支援するインターンシップへ

企業は、「自ら課題を発見し解決していく能力」「自主的に学び続ける力」に加えて、「自律的にキャリア形成を行う」人を求めています。そのため、以下のようにインターンシップのあり方が変化していくでしょう。最適なインターンシップ体験を得られるよう、しっかり理解しておくことが大切です。

これまでの インターンシップの問題点
- キャリア形成支援の機能が十分に発揮されていない
- 目的や形式が多種多様で、学生の混乱を招いている
- 業務を体験しないプログラムが実施されている
- 国際的な内容ではないため、外国人留学生などが参加しづらい

これからの インターンシップのあり方
- 企業の実務を必ず体験する
- 必要な情報を開示する
- 社員が指導する
- 5日間以上または2週間以上実施する
- 学業との両立に配慮し長期休暇に実施する

インターンシップの変更点をしっかり理解しておこう！

LESSON 03 就活スケジュール〔大学3年生〕

ここでは、まずスケジュール表を見ながら、就活やインターンシップにのぞむにあたり、どんな準備をすればよいかを確認しておきましょう。

【6〜9月】スタートダッシュ期

就活の本格的なスタートは**大学3年生（修士1年生）の6月から**です。ただし、時間に余裕がある人は、6月までに自己分析や業界研究、企業研究に着手しておくことをおすすめします。夏期インターンシップに参加すると、研究や勉強にさける時間がかぎられてくるからです。

早めの準備によって**心に余裕が生まれる**というメリットもあります。

また、インターンシップに参加する場合は、事前にしっかりと目的を定めておくことが大切です。「なんとなくよさそう」「友達が参加するから」などの理由で決めず、**応募企業や将来の進路を決めるための材料を集めるつもり**でのぞみましょう。

夏期インターンシップの日程は冬に比べて長めです。貴重な時間を使って参加する意義があるのか、自分自身でしっかりと見極める必要があります。

大学3年生	スタートダッシュ期				
	6月	7月	8月	9月	10月
日系企業	インターンシップエントリー		夏期インターンシップ		インターンシップ
外資系企業	インターンシップエントリー	夏期インターンシップ			
やるべきこと	自己分析 ▶ PART2 42ページ〜				
	業界研究・企業研究 ▶ PART3 94ページ〜				

> まずは、自己分析、業界研究・企業研究の準備から着手しよう！

【10〜2月】直前準備期

冬期インターンシップは夏期よりも短く、**冬期のほうが事前選考の意味合いが強くなる**と考えてください。なかには面接の機会を設けている企業もあるので、注意しましょう。

冬期インターンシップが始まる12月以降からどんどん忙しくなります。そのため、この時期に自分の大まかな方向性を決めておく必要があります。選考が始まると、筆記試験対策、面接対策、グループディスカッションの対策にじっくり取り組む余裕がなくなります。OB・OG訪問などと並行して早い段階から進めておくと安心です。

また、**「プレエントリー」を済ませておく**こともおすすめします。プレエントリーとは、「pre（前にある）」という言葉の意味通り、エントリーの前に行う作業です。3月に広報活動は解禁されますが、新卒向けの就活ナビサイトは、そのひと月ほど前から登録を受け付けています。登録しておくと、企業から会社説明会や面接の案内などが送られてくるようになります。「選考情報をアップしました」「会社説明会の日程が決まりました」などの通知を受け取れるため、忘れずにエントリーできるでしょう。

直前準備期				就活本番期
11月	12月	1月	2月	3月
エントリー	冬期インターンシップ			選考

選考（会社説明会 ▶ ES提出 ▶ 筆記試験 ▶ 面接・GD）

- OB・OG訪問
- 筆記試験の勉強 ▶ PART2 64ページ〜
- エントリーシート作成 ▶ PART2 52ページ〜
- 面接対策 ▶ PART2 68ページ〜
- グループディスカッションの準備 ▶ PART4 122ページ〜

本書では一般的なスケジュールを載せています。制度変更や企業により書かれているものと異なる場合があります。

就活スケジュール〔大学4年生〕

　ここでは、大学4年生（修士2年生）以降の就活スケジュールを紹介します。選考が始まるのは毎年3月からで、6月にはほぼ終了します。

【4～6月】就活本番期

　大学3年生の3月から大学4年生の4月にかけて、選考が始まります。その後、プレエントリーを済ませた企業から会社説明会の案内が届き、エントリーシートの提出、筆記試験、面接と順に選考が進んでいきます。

　この選考の途中で次々に結果が知らされます。内々定の通知が届くこともあるでしょう。第一志望の企業から最終面接の通知が届くかもしれません。しかし、最後まで気をゆるめることはできません。

　この時期に大切なのは、**自己判断で就活を終わらせない**こと。残りの就活スケジュールを最後まで予定通り進めましょう。すべてが終わってから後悔しないためにも、目の前の結果に一喜一憂せず、**着実に予定のスケジュールをこなしてください**。

大学4年生	就活本番期			内々定決断期
	4月	5月	6月	7月
日系企業	選考（会社説明会▶ES提出▶筆記試験▶面接・GD）			夏・秋採用
外資系企業				
やるべきこと	エントリーシート作成 ▶PART2 52ページ～ 面接対策 ▶PART2 68ページ～ グループディスカッションの準備 ▶PART4 122ページ～ ビジネスマナー ▶PART3 86ページ～			

> 選考の途中からどんどん内々定が出始める

【7〜12月】内々定決断期・内定期

　外資系企業の場合は早ければ大学3年生の12月くらいから、日系企業の場合も早ければ大学3年生の3月くらいから内々定が出始めます。
　この内々定とは**「採用予定であることを通知する」**という意味なので、法的な拘束力はありません。一方、内定の場合は、労働契約が結ばれ、契約を結んだ時点から法的な拘束力が発生します。
　そのため、内々定は、マナーを守って連絡すれば辞退しても問題ありません。
　内々定を辞退する期限は、基本的には**大学4年生の9月30日まで**と考えてください。企業は10月以前から、内定者の入社準備を進めているため、辞退の連絡が遅ければ遅いほど迷惑をかけてしまうことになります。
　また、残念ながら、夏頃にひとつも内々定が出ていない場合は、**夏・秋採用や二次募集（冬採用）を狙う方法**もあります。
　募集人数は多くはありませんが、夏までの採用で予定人数に達していない場合、企業の規模にかかわらず、このような採用を行うケースは少なくありません。最後まであきらめずに募集状況をホームページなどで確認して、もう一度チャレンジしましょう。

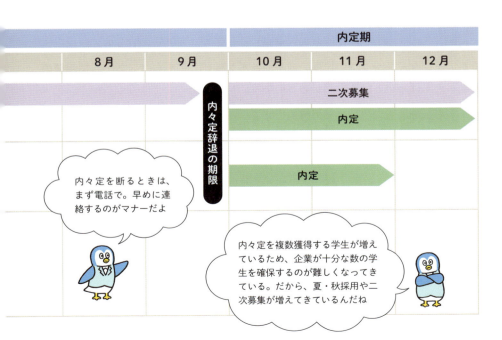

インターンシップの目的

　インターンシップは、企業が学生向けに実施する就業体験プログラムです。内容も期間もさまざまですが、学生が企業や実務への理解を深められる点は共通しています。ここでは、インターンシップの目的を確認しておきましょう。

企業側 ｜ 優秀な人材をチェックする

　企業側の立場で考えると、インターンシップにはメリットがあります。以下の3つの目的を理解しておきましょう。

1　職場で予備審査をする

　インターンシップに参加した学生のなかから、優秀な人材を選んで採用したいという考えを持つ企業は少なくありません。
　いわば**一次審査の前の「ゼロ次審査」のようなもの**です。「お試し期間」を経たうえで審査していることになるわけですから、企業としても安心です。

2　採用後のミスマッチを減らす

　学生がインターンシップで企業の実務を事前に体験しておけば、「こんなはずではなかった」と後悔することがなくなります。
　つまり、企業側としては、早期に退職・転職をされてしまうリスクを軽減できます。インターンシップで仕事の内容や社風を確認してもらうことで、**採用後の離職率を下げたいという思惑**があるのです。

3　やる気のある学生を将来の戦力にする

　一般的なアルバイトとインターンシップの学生を比較したとき、就職を視野に入れている後者のほうがやる気があり、**戦力になってくれる可能性が高い**と企業は考えています。
　企業は、入社後にできるだけ早く戦力となってくれるような意欲のある人材を探しています。企業の採用担当者は「インターンシップに参加してくれるくらいだから、自社の業務に対して意欲がある」と考えているのです。

ココがポイント！
企業側にも大きなメリットがあるので、学生が遠慮する必要はない！

学生側 | 業界・企業の理解を深める

学生の立場で考えても、インターンシップには大きなメリットがあります。以下の3つのポイントをおさえておきましょう。

1 本採用の道につながる

インターンシップの最中に**能力や可能性を認められれば**、本採用につながるチャンスが生まれます。企業ごとに基準やルールは異なりますが、選考時にはじめてトライする学生よりも有利な場合があるのは事実です。

一方で、インターンシップの最中に「適性がない」と判断される場合もあります。

2 自分で向き・不向きを判断する

仕事を外側から見るのと内側から見るのとでは大きく違います。インターンシップでは企業の業務を実際に体験できるので、学生にとって大きなメリットがあります。**理想と現実のギャップに悩まされることもなくなります**。

向いていないことがわかれば、会社選びの時点で候補から除外すればいいのです。

3 就業体験をアピールする

インターンシップの経験は「社会人としての試運転は完了している」と評価される可能性が高く、**選考で有利にはたらく場合があります**。

インターンシップに参加した企業にかぎらず、同じ業界の企業、時にはまったく関連のない企業から「経験者」として評価される場合もあります。

インターンシップの経験は、学生にとって大きなアドバンテージになる可能性があるのです。

インターンシップのときの評価がよくても安心しないこと。経験を考慮するかしないかは企業によって異なるので、「安全圏に入った」と考えるのはちょっと早いよ

インターンシップのタイプ

企業で行われるインターンシップには、主に4つのタイプ（類型）があります。ここでは、それぞれの概要と特徴について説明します。

インターンシップにはさまざまなタイプがある

インターンシップのタイプは以下の4つに分けられます。志望企業がどのインターンシップを実施しているかチェックしてみましょう。タイプによって、得られる経験や向いている人が異なる点に注意が必要です。

タイプ① オープン・カンパニー

企業や業界を理解してもらうために開かれる会社説明会のようなもので、厳密にはインターンシップではありません。自己PRや就業体験を行う場面もなく、参加期間も超短期（1日）です。主催する企業が集めた学生の情報を採用活動へ活用することは禁じられています。

「志望業界が複数あって迷っている」「働くことの具体的なイメージがつかめない」場合や、広く浅く就職情報を収集したい場合におすすめです。

タイプ② キャリア教育

働くことへの理解を深めるために、企業がCSR（社会的責任）として実施するプログラムや、大学が主導するプログラムなどがこれに該当します。

就業体験の設定や参加期間、所要日数などは主催する企業や大学、あるいはプログラムによって異なります。やはり厳密にはインターンシップではなく、企業が取得した学生の情報を採用活動へ活用することも不可となっています。

タイプ③ 汎用的能力・専門活用型インターンシップ

就業体験を通じて、学生は自らの能力を見極め、企業は学生の評価材料を取得することを目的とするインターンシップ。**適性・汎用的能力、あるいは専門性を重視したプログラム**です。

採用活動開始以降であれば、企業は学生の情報を採用活動へ活用することが可能です。

実施期間は「汎用的能力活用型」の場合は5日間以上、「専門活用型」は2週間以上と定められています。

タイプ④　高度専門型インターンシップ（試行）

　就業体験を通じて、学生にとっては実践力の向上、企業にとっては学生の評価材料の取得を目的としているインターンシップ。基本的には**「ジョブ型研究インターンシップ」**と**「高度な専門性を重視した修士課程学生向けインターンシップ（仮称）」**の2つがあります。

　前者は自然科学分野の博士課程学生を対象に文科省・経団連が共同で試行中で、後者は高度な専門性を重視した修士課程学生向けに産学協議会で検討されている段階です。

　やはり採用活動開始以降であれば、企業は取得した学生情報を採用活動へ活用することが可能となります。

● **インターンシップの4つのタイプ**　※タイプ1と2は厳密にはインターンシップではありません。

	主な内容	得られる経験	向いている人
タイプ① オープン・ カンパニー	・業界動向や企業説明 ・企業PR	・広く浅く企業の情報が得られる	・企業分析や情報収集に時間をかけたい人 ・業界の将来性を知りたい人 ・就職後のイメージが漠然としている人
タイプ② キャリア教育	・働くことの理解 ・就業体験は任意	・社風や職場の雰囲気をくわしく知り、働くことについて理解が深まる	・働くことのイメージをつかみたい人 ・志望する企業や職種が自分に合っているかどうか知りたい人 ・企業の社風を知りたい人
タイプ③ 汎用的能力・ 専門活用型 インターンシップ	・就業体験 ・能力の見極め ・学生の評価材料の取得	・チームワークが学べる ・自分の実力を試すことができる	・選考時のPRになる「論理的思考力」や「プレゼン能力」などで自分の力を試したい人 ・就業体験をしてみたい人 ・志望企業にPRしたい人
タイプ④（試行） 高度専門型 インターンシップ	・長期就業体験 ・実践力向上 ・学生の評価材料の取得	・志望する就職先で実践が積める	・修士課程、博士課程で学んでいる人 ・実践的な就業体験を希望する人

ココがポイント！
表の「**得られる経験**」と「**向いている人**」をよく検討して参加を決める

LESSON 07 インターンシップの期間

　インターンシップは、2週間未満の「短期」と2週間以上の「長期」に分かれます。常時募集している企業もありますが、日系企業の場合は学生の休みの期間に合わせて、夏と冬に行うのが一般的です。ここでは、インターンシップの期間と時期について確認しておきましょう。

夏と冬のインターンシップの使い分け

　学生を対象とする長期のインターンシップは、日系企業の場合、**夏と冬の2回実施されます**。外資系企業の場合は夏に1回実施されることが多いようです。いずれの場合も、エントリー期間は直前の1〜2か月程度です。下の図を確認しておきましょう。

　インターンシップ募集の情報を入手する場合は、まず**企業のホームページ**をチェックしましょう。また、**就活ナビサイトや大学のキャリアセンター**でも募集情報は入手できます。

　知らないうちに「エントリー期間が終わってしまった」ということにならないように、この時期はアンテナを張りめぐらせておきましょう。

● エントリーとインターンシップの時期

	6月	7月	8月	9月	10月	11月	12月	1月	2月
日系企業	エントリー		夏期インターンシップ		エントリー		冬期インターンシップ		
外資系企業	エントリー	夏期インターンシップ							

学生を対象としたインターンシップは主に夏と冬にあるんだ。参加したい企業が決まっている場合は企業のホームページをこまめにチェックしてね

短期と長期では何が違う？

■ 短期インターンシップ

2週間未満の短期インターンシップは年々増えています。企業によって内容は異なりますが、実際の業務に取り組む就業体験や、社員を交えたグループディスカッション、学生同士でチームを組んで取り組むグループワークなどが実施されています。

■ 長期インターンシップ

2週間以上の単位で行われ、報酬がともなうこともあるのが長期のインターンシップです。通年募集の企業もありますが、一般的には大学3年生の夏期休暇を利用する夏期インターンシップが主流です。ただし、企業の受け入れ人数には上限があるので注意しましょう。

また、あらかじめ勤務期間を決めないケースもあります。その場合、とりあえずスタートし、**企業と相談しながら期間を延長する場合がほとんどです。**

● インターンシップの期間

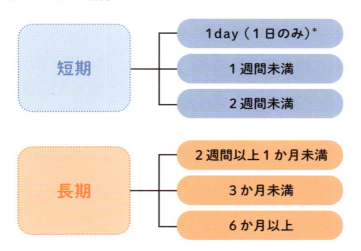

ココがポイント！
短期・長期の両方を体験しておくとより学びが深まる

＊主に「オープン・カンパニー」と呼ばれ、厳密にはインターンシップではありません。

インターンシップで得られる5つの力

インターンシップを体験すると、さまざまな知見やスキルが身につきます。ここでは、インターンシップで得られる5つの力について説明します。

得られる力 1 | 仕事理解力

実際に業務などを経験することで、入社後、社会人としてどのように仕事をするのかリアルな情報を手に入れることができます。なかでも、仕事内容については具体的なイメージを持てるようになるでしょう。**やりたい仕事と自分の適性のミスマッチを防げる**だけでなく、**興味のある仕事が見つかる可能性**も高まります。

得られる力 2 | 社会人基礎力

ビジネスマナーや社会人らしい振る舞い方といった「社会人基礎力」を得られるのも、インターンシップの大きなメリットです。なかでも、以下の3つの能力は汎用性が高く、就活でも大いに役立ちます。

■ コミュニケーション能力

インターンシップに参加している学生たちや社員と一緒に業務を進めたりしているうちに、**相手にわかりやすく伝えるコミュニケーション能力**も自然と身についていきます。目上の人と話すときの言葉遣いや行動は、面接時にも役に立つでしょう。

■ スケジュール管理能力

与えられた仕事の計画や優先順位を考えることが求められるので、**効率的な時間の使い方**を学ぶことができます。時間厳守が求められる社会人にとって、スケジュール管理能力は重要なスキルです。

■ プレゼンテーション能力

業務のなかで自分の特性や人柄を知ってもらう機会も多くあるため、**強みや個性をアピールする能力**が養われていきます。

また、グループディスカッションやグループワークの発表などでは、**実践的なスキルとしてのプレゼンテーション能力**も習得できます。

得られる力 3 ｜ 自己分析力

　実務に近い業務を経験することで、自分の適性や能力、課題が見えてきます。これまで気づかなかった強みやスキル、改善すべき弱点を発見できるインターンシップは、**自己分析をより深める**機会となると同時に、**自己成長のきっかけ**にもなります。

　「いい経験だった」だけで終わらせずに、参加後は振り返りを行って自己分析をさらに深め、本選考に備えましょう。

得られる力 4 ｜ 目標達成力

　インターンシップでは、自分が苦手な業務を頼まれたり、グループワークで不得意な役割を任されたりすることもあります。その業務を完遂するための具体的なプロセスやアプローチ方法を考える必要があり、**苦手なことでも積極的に行動しなくてはなりません**。

　苦手なことに挑戦することで**忍耐力が養われる**と同時に、**達成に向けて努力する力**である「目標達成力」を身につけられるでしょう。

得られる力 5 ｜ 論理的思考力

　自分が考えていることを筋道を立てて説明し、相手に納得してもらうという「論理的思考力」は、**仕事を効率よく円滑に進めていくために必要な社会人スキル**です。学生生活で実践する機会は少ないかもしれませんが、ビジネスの場では論理的思考力を基本としたコミュニケーションが中心となります。

　インターンシップの場で実践を積むことが、今後の糧になっていきます。

ココがポイント！
インターンシップで得られる力は、**本選考や社会人になったときに役立つ**

インターン生のギモン インターンシップのための資格取得

Q インターンシップに参加するまでに、取得しておいたほうがよい**資格やスキル**があれば教えてください。

A 資格取得は必須ではありませんが、**パソコンの使い方**に慣れておくと、仕事をスムーズに進められます。

　インターンシップに参加するにあたり、特に資格は必要ありません。また、資格を持っているとその後の就活が有利になることも基本的にはありません（内定後、入社までに資格取得が必要とされるケースはあります）。

　資格取得をめざすよりも、<mark>パソコンの使い方に慣れておいたり、本書で紹介している仕事の基本やマナー（LESSON45〜48など）をマスターしておく</mark>ほうが、インターンシップでは役立つでしょう。

　ただ、以下のような資格を取得しておくと、作業をよりスムーズに進められたり、試験勉強の過程で得た知識が入社後の仕事に役立ったりすることはあるので、興味があれば検討してもよいでしょう。

インターンシップや将来の仕事に役立つ資格（例）

- **TOEIC（800点以上）**
  これからの時代、どんな仕事をするにしても英語力は必須。今のうちから鍛えておくのもよい
- **MOS（マイクロソフト オフィス スペシャリスト）**
  オフィスツール（Word・Excel・PowerPointなど）はインターンシップでも使う可能性がある。作業のスピードが上がる
- **FP技能検定**
  ファイナンシャルプランナー（FP）をめざさなくても、お金に関する知識を得ておくと、仕事に生かせる可能性が高い
- **ITパスポート**
  AIやビッグデータなどのテクノロジーはもちろん、経営・マネジメントの手法など、仕事に役立つ幅広い知識が身につく
- **秘書検定**
  ビジネスマナーの知識が得られる。日常のマナーなら問題集を解くだけでもOK

PART

2

インターンシップの選考を突破するための対策をしよう

インターンシップへ参加を希望する学生が多いため
企業は選考によって参加者をしぼり込みます。
エントリーシート、筆記試験、面接など、
この PART では、選考を突破するための対策について
くわしく解説します。

インターンシップの選考フロー

　LESSON09からは、インターンシップの選考を突破する方法を解説していきます。まずは情報収集から参加までの流れを大まかに把握しておきましょう。

インターンシップ参加の対象者は？

　インターンシップは基本的に就職活動を控えた大学3年生を対象に、6月頃から夏期インターンシップ、10月頃からは冬期インターンシップの募集が開始されます。内容によっては大学1～2年生も参加できるものがあります。

参加基準が設定されていることがほとんど

　インターンシップは申し込めば誰でも参加できるというものではありません。「先着順」や「選考なし」と書かれている場合でも、企業側は自社にマッチした学生に参加してもらいたいと考えています。特に有名企業の場合、**参加者に人数制限が設けられ選考が行われる**のが一般的です。応募書類を提出し、書類選考を通過した人のみが面接やグループディスカッションなどの選考を受け、最終的な通過者がインターンシップに参加できる、というのが基本的な流れです。

インターンシップへの参加は計画的に

　インターンシップは、大学が長期休みになる夏や冬に集中しているケースが多いので、自分が興味を持っている企業が複数あると日程が重なってしまうことも少なくありません。**「夏と冬に分ける」「短期と長期に分ける」**といった戦略も必要です。何より大学の卒論やアルバイトの予定などとインターンシップで、過度な負担にならないよう事前にしっかり計画を立てましょう。

ココがポイント！
興味のある企業のインターンシップは**募集時期を早めに確認**

●インターンシップの情報収集から参加までの大まかな流れ

参加3か月前　情報収集

告知	インターンシップ開催の2～3か月前には告知されるケースが多い。企業のホームページやSNSでインターンシップに関する情報をチェックしておくとよい
サイト登録	インターンシップ情報サイトに登録。「合同企業説明会」や「開催予告」などの情報が集まる
合同説明会	「企業に登録する」というアクションが起こせる

参加2か月前　会社説明会

会社説明会	応募書類の作成に役立つ情報を入手できる。志望業界・職種・企業に対する理解が深まり、参加したいインターンシップを選ぶことにも役立つ

参加1か月前　応募・選考

応募書類作成	会社説明会から2週間後くらいにインターンシップの応募書類の提出締め切りが設定されていることが多い（1週間以内や翌日といったケースも）
応募	1社にしぼるより複数の企業へ応募しておくとよい
選考	書類審査やWeb面接のほか、集団面接や個人面接が行われるケースも
合格通知	選考を通過した人だけがインターンシップに参加できる

インターンシップ開始

人気企業のインターンシップは非常に狭き門。
3社くらいに参加したいなら、
10～20社に応募しておくと安心だよ！

LESSON 10 インターンシップの選び方と探し方

どのインターンシップに参加すればいいのか、あなたは選び方に悩んでいるかと思います。ここでは、自分に合ったインターンシップの探し方と情報入手の方法をくわしく見ていきます。

どのインターンシップに参加すればいい？

あなたの現在の状況によってインターンシップの探し方は変わります。以下のどのケースに当てはまるかを考えながら、チェックしてください。

1 行きたい企業がすでに決まっている場合

チャレンジしたい企業が決まっている場合は、長期インターンシップに応募してみましょう。6か月以上のインターンシップなら、**正社員と同等の責任ある仕事を任される場合**もあるため、貴重な経験を得ることにつながります。仕事内容も深く理解できるはずです。長期インターンシップを募集していない企業でも、こちらから積極的に問い合わせることで、受け入れてくれる場合があります。

2 興味のある業界がある程度決まっている場合

興味のある業界が決まっている場合は、就活ナビサイト、大学のキャリアセンターを併用して情報を収集することから始めます。志望企業をしぼり込む前に、**業界全体をリサーチするつもり**でインターンシップにトライしてみましょう。

この場合も、できるだけ長期を選択してください。

3 希望する業界が2つあり、迷っている場合

業界Aと業界Bで迷っており、どちらにするかを決めかねている場合は、両方にアプローチしてみましょう。夏期インターンシップで業界Aを、冬期インターンシップで業界Bを**体験して比較すれば**、どちらが向いているかを決断できるはずです。

この場合、長期でなくてもかまいません。1週間未満の短期でも、検討する材料を一気に増やせます。

ココがポイント！
自分の希望がどの程度決まっているかにより、アプローチの仕方が変わる

インターンシップ募集情報の入手方法をおさえておこう

「採用条件がインターンシップへの参加だった」「気づいたら募集期間が終了していた」ということにならないように、情報をこまめにチェックしましょう。

● 情報収集の主な方法

探す方法	特徴
就活ナビサイト	大手企業からベンチャー企業まで、幅広くインターンシップの募集に関する情報を掲載しているため、まとめて情報を入手したいときはとても便利。内容や日程の検討もしやすい。最新の情報を定期的に入手しよう
企業のホームページ	就活ナビサイトに掲載せずに、ホームページだけでインターンシップを募集している企業もある。また、募集していなくても、問い合わせフォームから「インターンシップ希望」と連絡することで、反応がある場合も。志望企業が決まっているならば、積極的に問い合わせてみよう
大学のキャリアセンター	キャリアセンターが提供するサイトや情報誌には、OB・OGに関する情報が掲載されている。大学を経由して連絡すると、企業側もキャリアセンターからの推薦があれば安心できるため、採用の確率が上がる。ただし、就活ナビサイトと比べると、キャリアセンターの情報量はかぎられているため、他の方法と併用しよう
合同説明会	合同説明会には、多くの企業が参加するため、一度の機会で複数の企業に関する情報を収集できる。自分の視野を広げるためにも積極的に参加しよう。また、最近は、合同説明会をオンライン（Web説明会）で行う企業が増えている。こちらもチェックしておこう
先生／OB・OG	ゼミの教授、OB・OGから紹介してもらう方法もある。先輩から話を聞いておけば、事前にインターンシップの内容をしっかり確認できる

情報収集は早ければ早いほどいい！
実際にインターンシップを経験することで考えが変わることもあるので、「行動してから考える」が正解だよ

参加企業を決める① 期間で選ぶ

多くのインターンシップから自分にマッチしたものを選ぶにはどうすればよいのでしょう？　ここでは「期間」から決める方法を紹介します。

インターンシップに早めに意識を向けよう

今あなたが大学3年生なら、就活の本格的なスタートラインに立ったと考え、2～5日程度で行われるインターンシップに複数参加するとよいでしょう。「本選考への準備に役立てる」「他の学生の就活の現状を確認する」ことに加え、「**自分を大きく成長させる**」ための絶好の機会となるからです。

ある程度、業界や職種・企業がしぼれているのであれば、3年生の夏や冬に長期のインターンシップに参加してみましょう。実際の仕事の現場を経験することで、社会人としてのキャリアをいち早く積むことも可能になります。

もし、あなたが今大学1～2年生なら、複数年にわたる長期的な計画を立ててインターンシップにのぞめます。複数の「オープン・カンパニー」や「キャリア教育」に参加しておくと、本格的に就活を始める前に、社会人としてのルールやマナー、仕事の基礎的な知識・スキルを身につけられるでしょう。

インターンシップに早期に参加するメリット

メリット① 自己分析の深化
自分の興味や強み・弱みを見つけ、就活の軸（職業選択の基準）を構築できる

メリット② キャリアの形成
自分の仕事に対する適性がわかり、キャリアプランを作りやすくなる

メリット③ 自信の向上
インターンシップの経験によって自信がつき、就活や社会人生活に生かせる

メリット④ 企業との関係構築
企業と長期的な関係を築くことで、内定獲得の可能性が高まる

メリット⑤ 複数のインターンシップに参加
時間的な余裕ができるので、そのぶん多くのインターンシップに参加できる

インターンシップの期間の選び方

　インターンシップの期間は、LESSON07で紹介したように、2～3日で終わるものから、5日～2週間前後のもの、1か月以上の長期にわたるものとさまざま。以下の表を参考にしながら、大学のスケジュールやアルバイトの予定などの都合も考えて、参加できそうなインターンシップを選びましょう。

● インターンシップの期間と選択のポイント

期間	選択のポイント
1日*	さまざまな業界や企業の情報収集をしたい場合におすすめ
2～3日*	志望業界や職種が複数あり、さまざまなプログラムに参加して視野を広げたい、社員と交流したい場合におすすめ
5日～2週間	志望業界や職種がある程度定まっていて、社風や業務を実際に体験したい場合におすすめ。高度な課題にトライしたい人にも
2か月以上	大学2～3年生の夏休み、冬休みなどを有意義に活用したい人や、「志望職種の実体験を積みたい」といった具体的な目標がある、または志望企業が明確な場合におすすめ

＊「オープン・カンパニー」や「キャリア教育」と呼ばれ、厳密にはインターンシップではありません。

「オープン・カンパニー」と「キャリア教育」の違いは？

　「オープン・カンパニー」は厳密にはインターンシップではなく、業界・企業による説明会をイメージするとよいでしょう。企業は入手した学生の情報を採用活動に用いることはできず、本選考には直接関係のないイベントのようなものです。しかし、オープン・カンパニーでも企業や業界の情報をリアルに学ぶことができ、**ネットよりも有益な情報が得られるので、積極的に参加しましょう。**

　一方、「キャリア教育」も厳密にはインターンシップではありませんが、企業によっては就業体験プログラムが用意され、**企業理解を深めるだけでなく、入社後に「働く」ということを具体的にイメージできるようになります。**学生の情報を採用活動に用いることはできませんが、学生側は本選考に役立つ経験を得られるのもメリットのひとつです。

> インターンシップに早めに参加すると、
> 大学の勉強や課外活動なども充実させられる！

LESSON 12 参加企業を決める② 内容で選ぶ

どのインターンシップに参加するか迷う場合は、期間のほかに「内容（類型）」で決める方法もあります。ここでは、インターンシップに参加する目的を明確にしたうえで、内容を吟味して選ぶ方法を紹介します。

インターンシップに参加する目的を考えよう

「インターンシップでどんな経験をしたいのか（目的）」を考えることは、最も有効な選択方法です。

右ページの「EXERCISE」は、自分の内面を見つめ直すことでインターンシップに参加する目的を明らかにし、インターンシップの内容とマッチングさせて選択する実践です。下の表はLESSON06で紹介した類型の参加目的を一覧にしたものです。この表も参考にしながらトライしてみてください。

もちろん、目的をひとつにしぼる必要はありません。実際に参加したあとに、別の「経験したいこと」が生まれることもありますので、「EXERCISE」をくり返し、別の類型のインターンシップにチャレンジしてもよいでしょう。

● インターンシップの類型と選択のポイント

類型	選択のポイント（参加の目的）
オープン・カンパニー	・企業や業界について知りたい ・複数の業界や企業について情報を求めている ・社員の話をリアルに聞いてみたい
キャリア教育	・就業体験をしてみたい ・実際に働く人と交流する機会が欲しい ・志望する企業で「働くこと」の理解を深めたい
汎用的能力・専門活用型インターンシップ	・就業体験をより本格的に行いたい ・社員が指導する就業体験にトライしたい ・就業体験のフィードバックをしてほしい ・自分の能力や適性を見極めたい
高度専門型インターンシップ	・就業体験を通じ実践力を身につけたい ・専門的な知識を生かせるかどうか知りたい ・長期のインターンシップを体験したい

下の手順にしたがって、参加する目的からインターンシップを選んでみましょう。

1 40ページの表を見て、あなたの興味のあるインターンシップの「類型」を挙げてみましょう。

[
　
　
　
　
]

2 **1**のなかから、「参加の目的」としたいものを1〜2つ選びましょう。

[
　
　
　
　
]

3 **2**の目的に合うインターンシップをサイトなどから探し一覧にしましょう。

	企業名（インターンシップ名）	期間

4 **3**の表から自分のスケジュールに合うものを選び、左端の欄に○をつけましょう。

LESSON 13 自己分析① 大学生活を振り返る

　インターンシップにエントリーしたら、選考に向けてエントリーシート（ES）を書いていきます。まずは「自己分析」を行うところから始めましょう。自分を見つめ直すことで、おのずとESに書く内容が見えてきます。

自分を表すエピソードを見つける

　「自己分析」では、まず学生生活を振り返り、自分の「人柄・性格」が企業の担当者に伝わると思われるエピソードを書き出していきます。
　ここで重要なのは、**企業はあなたの将来性や潜在能力を評価**しようとしている点です。「苦難や問題にぶつかり、それを乗り越え成長した」体験を選ぶとよいでしょう。すると、担当者はあなたの入社後の活躍を想像できるわけです。

エピソード選びのポイント

　それでは、右ページの「EXERCISE」で、ESに書き込むエピソードを探しましょう。その際、以下の点に注意するとよいでしょう。

1 ありふれたエピソードは選ばない
「一人暮らしを始めた」など、誰もが体験するありふれたエピソードをそのまま書いても評価につながりません。あなたの個性が表現できるものを選びましょう。

2 「頑張った」だけでは不十分
　ゼミや部活で積極的に活動したエピソードは、あなたのまじめさや誠実さをアピールできますが、そのままではやはり高評価につながりません。前述の通り「苦難を乗り越えた」体験を選びましょう。

3 感情の動きに着目する
「嬉しかった」「楽しかった」「悲しかった」など、感情が大きく動いたエピソードは、あなたの「人柄・性格」を表現する適切な材料になります。

ココがポイント！
「ハードルを越えた→結果が出た」エピソードを探す

記入例にならい、学生時代を振り返り、自己分析につながるエピソードを探しましょう（どうしても大学時代から見つからない場合は高校時代でもOK）。

〔記入例〕

	大学1年生	大学2年生	大学3年生
学業 （授業・ゼミなど）	図書館で徹底的に資料を調べて論文を執筆。教授に名指しでほめられ、嬉しかった。		ゼミでグループ研究を提案。リーダーシップを発揮してみんなから称賛された。
サークル活動 （部活動など）		陸上部の練習中にケガをしたが、半年におよぶリハビリを乗り越えて復帰した。	
アルバイト	コンビニのアルバイト中、棚の整理を効率化する資料を自作。店長に感謝された。		
留学		カリキュラムを利用してタイに留学。異文化を体験して世界に対する視野が広がった。	
ボランティア活動		留学中に仲間に声をかけ、町の清掃活動を行う。現地の人に称賛され、誇らしかった。	
その他 （趣味・特技・習い事など）	軽登山に挑戦。自然にふれつつ自分と向き合う時間が持てるので、今後も続けたい。		

PART 2 インターンシップの選考を突破するための対策をしよう

043

LESSON 14 自己分析② エピソードを掘り下げる

LESSON13で探し出したエピソードを掘り下げ、インターンシップの自己PRに使えるように仕上げていきましょう。

エピソードに「動機」「問題」「克服」を盛り込む

あなたが選択したエピソードに**「動機」「問題」「克服」の要素**は含まれていますか？ 「○○して××となった」だけでは、事実を説明しているだけなので、「自己PR」としてふさわしくありません。

右ページの「EXERCISE」は、事実を深掘りして、担当者からの評価が高まるエピソードに仕上げるためのシートです。以下の5つのステップを実践して、魅力的なエピソードを作りましょう。

■「エピソードの深掘りシート」の5ステップ

ステップ① 事実

選択したエピソードの事実だけを要約して記入します。

ステップ② 動機

エピソードのきっかけになった出来事を具体的に記入します。努力した理由や熱中した理由を書いておきます。

ステップ③ 問題

うまくいかなかったことや失敗したことも正直に記入します。

ステップ④ 克服

問題を克服した経緯を具体的に記入します。気づいたことや軌道修正できたことを書くと、より深みが増します。

ステップ⑤ 結果

克服の結果、どうなったかを記入します。可能であれば、具体的な数字や順位なども書きます。

> この流れで書けないようなエピソードなら、別のものを考えたほうがいいよ

記入例にならい、「深掘りシート」で自分のエピソードを完成させましょう。

ステップ 1

事実

【例】大学では、陸上競技のサークルに入り、陸上部の短距離選手を超える記録を出した。

ステップ 2

動機

【例】実力不足で陸上部への入部を断られた。「サークルで十分」と言われて悔しかった。

ステップ 3

問題

【例】自己流の練習で筋肉を痛めた。ケガが多く、思うように記録が伸びなかった。

ステップ 4

克服

【例】基礎からやり直すことを決心。専門家の指導を仰ぎ、与えられたプログラムを忠実に実行した。

ステップ 5

結果

【例】陸上部の選手も出場する大会に参加、優勝。自己ベストを大幅に更新した。

PART 2　インターンシップの選考を突破するための対策をしよう

LESSON 15 自己分析③ 自分の「強み」を言葉にする

　自己PRでは自分の「強み」を話しますが、自分で見つけるのは難しいもの。LESSON13～14で集めたエピソードから、強みを言葉にしてみましょう。

「具体→抽象」の順で自分の「強み」を言葉にする

　LESSON13～14で探し出した過去のエピソードのなかから、**「自分らしい」と思えるもの**を3つピックアップします。その具体的なエピソードのうち、**自分の長所を表現する言葉**として、最もふさわしいものを選びます。
「ひとつの言葉でまとめるとしたらどれがいいか？」と考えてみましょう。

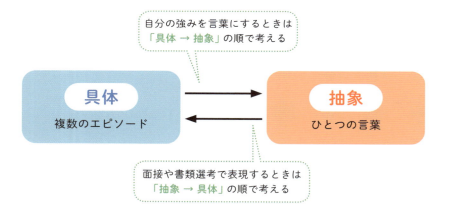

　上図のように、自分の強みを言葉にするときは、**「具体→抽象」の順**に考えますが、面接で自己PRをするときや、エントリーシートに自己PRを記入するときは、逆に**「抽象→具体」の順**に展開します。
　また、どの言葉を選んだらよいか迷うときは、**友人の言葉を思い出してみましょう**。「あなたは○○な人ね」や「△△さんらしいね」などの言葉は、客観的な意見として参考になります。もしかしたら、あなた自身よりも的確にあなたの長所を理解しているかもしれません。

ココがポイント！
自分で分析するだけではなく、**友人の意見にも耳を傾ける**

あなたらしいエピソードを3つ書き出して、「自分の長所を表現する言葉」のなかから、ぴったり合う言葉をひとつ選んでください。その後、「私の強みは○○です」と書いてまとめてみましょう。

【エピソード】❶

【エピソード】❷

【エピソード】❸

自分の長所を表現する言葉（例）

好奇心旺盛／フットワークが軽い／気持ちの切り替えが早い／忍耐力がある／コツコツ努力できる／集中力がある／持続力がある／慎重に行動する／こだわりがある／人に頼りにされる／責任感がある／社交的／緊張しない／几帳面／気遣いができる／計画性がある／ストレス耐性がある／向上心がある／文章力がある／交渉力がある／人をまとめる力がある／率先して行動する／分析力がある／理解力がある／記憶力がある／課題解決力がある／判断力がある／企画力がある／創造性がある／直感力がある／感受性が豊か／発想が豊か／積極性がある／謙虚／チャレンジ精神旺盛／臨機応変に対応できる／コミュニケーション能力がある／論理的思考ができる／情報収集力がある／面倒見がよい／人の話をよく聞く

ひと言でまとめると

【強み】 私の強みは○○です。

LESSON 16 自己分析④ 自分の「価値観」を知る

　自己分析では自分の「価値観」を知ることも重要です。そこでLESSON16では、「モチベーショングラフ」で感情の起伏を視覚化してみましょう。

モチベーショングラフを作成しよう

　自分の価値観を知っておくと、エピソード探しはもちろん、業界・企業選び、自己PRや志望動機の作成など、就活のあらゆる場面で役立ちます。右ページの「EXERCISE」では、**モチベーショングラフ**を使って、過去の体験における自分の意欲を探り、価値観を明確にします。

　まず、自分の体験を時系列で振り返り、モチベーションの高さを基準にして線でつなぎます。LESSON13～14で挙げたエピソードを書くのがよいでしょう。

　線を記入してから、「なぜ下降したか」「なぜ上昇したか」を考え、線のそばに**そのきっかけとなった事実と理由**を書き込んでおきます。

モチベーショングラフから読みとれること

　ここで大切なのは、自分のモチベーションが「下がるのはどんなときか」「上がるのはどんなときか」を知ることです。

　モチベーションが上がるのは自分の価値観に合っているとき、モチベーションが下がるのは自分の価値観に合っていないとき、と考えることができます。つまり、モチベーションの上昇や下降に着目すれば、**自分の価値観がどんなものか**を推測できるようになるのです。

ノートを用意し、下の例を見ながらモチベーショングラフを書いてみましょう。その後、グラフの下に、モチベーションが下がる理由とモチベーションが上がる理由を考えて記入します。その2つの理由を見れば、あなたの価値観がわかります。

● モチベーショングラフの例

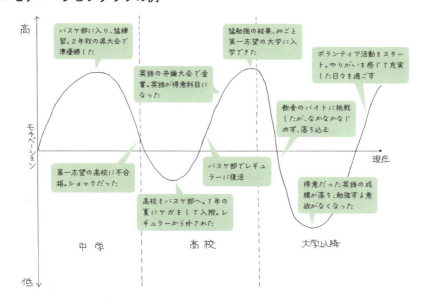

● モチベーションが下がる理由は？

目標に納得していないときは努力が続かない。高校受験も、大学のアルバイトも、周りに影響されてなんとなく決めてしまったのがよくなかった。

● モチベーションが上がる理由は？

心から達成したい目標に対しては頑張れる。目標までの距離を縮めている自分に対して、自分で応援したくなるからだと思う。

ココがポイント！
上がったとき、下がったときの裏側にある**自分の「価値観」を読みとる**

LESSON 17 自己分析⑤ 自己分析シートを完成させる

　ここまで、「エピソード」「強み」「価値観」を整理してきました。ここでは、「やりたいこと・夢」をプラスして、自己分析を完成させましょう。

最後に「やりたいこと・夢」をプラスする

　エピソードをベースに引き出した自分の「強み」「価値観」に合わせて、最後に**やりたいことや夢**をプラスします。

　ただし、この「やりたいこと・夢」はプライベートな目標ではなく、仕事を通じて実現する目標にします。「将来、世界一周旅行をしてみたい」「宇宙に行ってみたい」などではなく、「宇宙開発によって社会に貢献するエンジニアになりたい」のように、仕事につながるものにします。

　下の図のように、**過去、現在、未来の順につなげていくイメージです**。

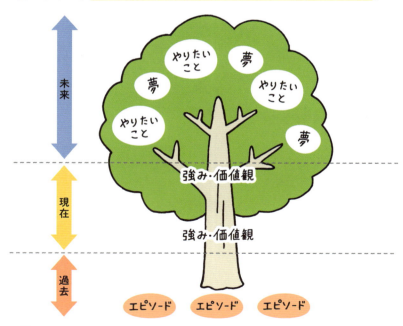

ココがポイント！
過去・現在・未来がつながっていると、**説得力のある自己PRになる**

LESSON13～16を振り返りながら、記入例にならい、「エピソード」「強み」「価値観」「やりたいこと・夢」の順にまとめてみましょう。

未来

やりたいこと・夢

【例】東南アジアの農村部には、水不足の地域がたくさんある。人々の健康を守るために、将来、灌漑事業を通じて豊かな水を供給し、現地の人に喜んでもらいたい。

現在

強み・価値観

【例】自分で納得できる目標に対して、コツコツと努力を積み重ねていける点が強み。一度で結果が出なくても、ねばり強く、最後まで手を抜かないことが大切だと考えている。

過去

エピソード

【例】タイに留学していたときの清掃ボランティアを通じて、感謝されることの喜びを知った。人のために活動して喜んでもらうことが、自分の大きな喜びになることがわかった。

LESSON 18 自己PR作り① 要素を整理する

　LESSON18からは「自己PR」文の書き方を解説していきます。まずは、文の基本的な構成を学び、文章に盛り込む要素を抽出することから始めましょう。

「よいところ」ではなく「エピソード」を探す

　「整理整頓がうまい」「他人に対して優しい」「時間を厳守する」といったことはすばらしい長所といえますが、選考のエントリーシートに書く自己PRとしては不十分です。

　選考を通過するには、自分の「人柄・性格」が企業の担当者に伝わるように、具体的なエピソード（客観的な事実）をセットにして伝えなければなりません。

　たとえば第三者に自分の長所をアピールするときに「自分は努力家だ」と伝えても説得力がありません。努力家であることを相手に納得させるなら、努力したエピソードと、その結果を説明する必要があるわけです。

　そのため、自己PRを記入するときは、「自分のよいところは何か？」と考えず、**「自分のよいところが発揮された場面はどこか？」**と考えるほうがうまくいきます。

　具体的な場面（エピソード）が見つかったら、そこから**「自分のアピールすべきこと」を抽出して言語化します**。

　あとは、以下の構成に当てはめて展開すれば、うまくいきます。

1. 自分のアピールポイントを書く
2. エピソードの内容を説明する
3. エピソードの結果を説明する
4. アピールポイントをまとめる

　このように具体的なエピソードを、はじめと最後のアピールポイントにはさんで文章を展開すれば、第三者に対して説得力のある自己PRを作成することができます。右ページの「EXERCISE」で、自己PR文を書くための要素を書き出してみましょう。

ココがポイント！
エピソードをアピールポイントでサンドイッチする

052

記入例にならい、自己PR文を書くための要素をまとめてみましょう。

1 アピールポイント
【例】ねばり強い

2 エピソードの内容
【例】イギリスに留学したが、英語力が上がらない。授業の下調べをし、同級生に積極的に話しかけた。

3 エピソードの結果
【例】英語力が身についた（TOEIC880点）。

4 エピソードによる学びや成長
【例】語学以外でも、ねばり強く取り組むようになった。

自己PR作り② 実例を学ぶ

ここでは、実際の自己PR文を見てみましょう。まず800字で書き、それを短くして400字・200字の文を用意しておくと役立ちます。

【例文】

　アルバイトの経験を通して得た「人とねばり強く向き合う力」があります。
　大学1年生の頃から地元の○○駅の駅前にあるファストフード店で接客のアルバイトを続けて、4年目になります。駅前店のため、昼時や週末になると行列ができて、2時間近くお客様の列が絶えないこともあります。アルバイトスタッフも多く、昼と夜を合わせると40人くらいの規模の店舗です。スタッフが多いこともあり、毎年の年度替わりのタイミングで大学生などがたくさん抜けてしまい、業務や経験の引き継ぎができていないことが問題でした。そこで、細かい仕事について経験をまとめたマニュアルを作ることに挑戦しました。
　特に大変だったのは、マニュアルを40人のスタッフに周知し、理解してもらうこと。休憩時間を活用したり、勤務日以外にもアルバイト先に立ち寄ったりして、他のスタッフにマニュアルについて説明しました。みんな自分の仕事が増えると思ったのか、最初のうちは、適当に返事をする人やきちんと聞いていない人もいました。しかし、何度も何度も丁寧に、明るい態度で説明をし続けました。マニュアルの内容だけでなく、マニュアルが浸透することで自分たちの業務負担が減ったり、お客様の満足度が上がったりすることも丁寧に伝え、ついにスタッフ40人全員に理解してもらうことができました。全員に説明を終えるまで1か月ほどかかってしまいましたが、結果的に、作業や接客の大部分を改善することに成功し、問題を解決することができました。今では、月ごとにマニュアルの内容を見直しており、スタッフ間に「みんなで店舗をよくしていこう」という意識が醸成されたように思います。
　この経験から、何か問題を解決したり、組織のメンバーを動かしたりするときには、ねばり強く向き合うことが大切だと気づきました。(748文字)

【400字の例文】

　アルバイトの経験から「人とねばり強く向き合う力」があります。
　大学1年生の頃から、地元の駅前にあるファストフード店で接客のアルバイトをしています。スタッフが多く、業務や経験の引き継ぎができていないことが問題でした。そこで、細かい仕事についてまとめたマニュアル作りに挑戦しました。
　特に大変だったのは、マニュアルを40人のスタッフに周知し、理解してもらうこと。休憩時間を活用したり、勤務日以外にもバイト先に立ち寄ったりして説明しました。最初は、適当に返事をする人もいました。しかし、何度も何度も丁寧に、明るい態度で説明することで理解してもらえました。全員に説明を終えるまで1か月ほどかかってしまいましたが、作業や接客の大部分を改善することに成功し、問題を解決することができました。
　この経験から、問題を解決したり、組織のメンバーを動かしたりするときには、ねばり強く向き合うことが大切だと気づきました。(396文字)

【200字の例文】

　アルバイトの経験から「人とねばり強く向き合う力」があります。
　駅前のファストフード店で接客をしています。スタッフ間で経験の引き継ぎができていないことが問題だったので、業務マニュアルを作りました。休憩や勤務日以外の時間も活用して、マニュアルを40人のスタッフに周知。1か月ほどかけて、丁寧に、明るい態度で説明することで理解してもらえ、問題解決に成功しました。
　ねばり強く向き合うことの大切さに気づきました。(200文字)

要素の優先順位を見極めよう！

LESSON 20 自己PR作り③ 文章化する

　それでは、LESSON18で書き出した要素をもとに、右ページの「EXERCISE」で実際に自己PR文を書いてみましょう。以下のポイントも参考にしてください。

要素をつなぎ合わせて文章にする

自己PR例 ねばり強さをアピール

　私の強みは、ねばり強いところです。大学1年生のときにイギリスに留学しました。当初は、「留学すれば英語は自然に話せるようになる」と考えていました。しかし、一向に英語力は向上せず、自身が思い描いていた姿に近づけていない現状に、悔しい思いでいっぱいでした。
　そこで、現状を打開するため、半年間の延長プログラムへの参加を決意しました。
　まず、授業内で行われるディスカッションでは、前日にテーマについて下調べを行い、自分の意見を正確に伝えられるように準備しました。
　次に、日常生活でも、同級生に積極的に英語で話しかけるようにしました。
　発音の問題でうまく伝わらないこともありましたが、表現の仕方を変えるなど、地道な努力を続けることにより、少しずつ自分の意見を伝えられるようになりました。
　このような努力をコツコツ続けた結果、半年ほどで、日常生活では困らない英語力を身につけることができました。帰国後のTOEICでも880点を獲得できました。
　この経験が自分を成長させてくれたと感じています。語学以外でもねばり強く取り組むことができるようになり、それが自分の強みになりました。

- はじめに、自分の**アピールポイント**を提示する
- エピソードを展開する前に、短く**状況を説明する文章**と**克服すべき課題**を入れる
- 克服すべき課題に対して、自分が**どのような行動をとったか**を具体的に書く
- 課題を克服した結果、**どうなったか**を具体的に示す
- **アピールポイント**を裏づけるエピソードをもうひとつ追加する
- 最後に、**自分の学びや成長**についてふれ、それが現在のアピールポイントにつながっていることを書く

800字で自己PR文を書いてみましょう。
その後、文章を短くして400字や200字にまとめましょう。

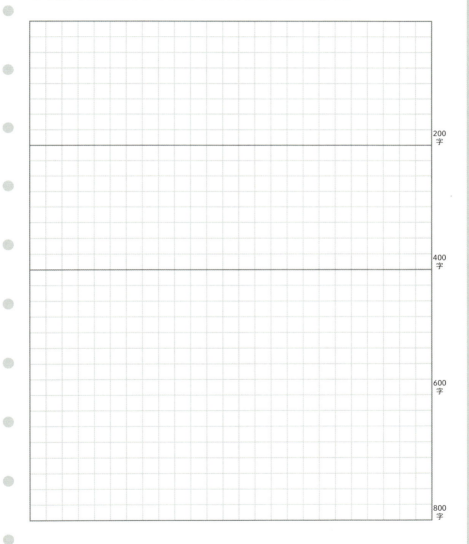

※このページを拡大コピーして使ってください。

LESSON 21 志望動機作り① 要素を整理する

LESSON21からは「志望動機」の文を作っていきます。自己PR文と同様に、基本的な構成をおさえ、文章に盛り込む要素を書き出してみましょう。

目的・背景・理由・意気込みの4つを盛り込む

エントリーシートの「志望動機」欄には、**「参加の目的（インターンシップで得たいもの）」「背景（個人的な事情）」「理由（参加企業の事業やインターンシップの内容）」「意気込み（志望動機のまとめ）」**を記入します。

志望動機を書くのは意外に難しいものです。まずは、以下のポイントを読み、右ページの「EXERCISE」で志望動機の文の材料を集めましょう。

1 目的（インターンシップで得たいもの）

インターンシップに参加する目的として、「企業や仕事について深く知りたい」「働いている社員の様子を見たい」「自分の知識やスキルを成長させたい」といった点を挙げるとよいでしょう。

2 背景（個人的な事情）

あなたの体験談や現在の状況など、自己PRと同様に具体的なエピソードを根拠に参加を希望する背景を伝えます。「なぜ自分はインターンシップに参加したいのか」を改めて自分自身に問いかけてみましょう。

3 理由（参加企業の事業やインターンシップの内容）

業界や企業研究によって得られた情報をインターンシップに参加する理由にします。インターンシップのプログラムの内容にふれて理由を述べるのも有効な方法です。

4 意気込み（志望動機のまとめ）

1〜3を踏まえたうえで、改めて「どのような思いで参加するつもりか」を伝えて締めくくります。自分の感情を長々と書くのではなく、簡潔に1〜3の内容をまとめる文にするのがポイントです。

ココがポイント！
志望動機を書く前に**業界・企業研究や自己分析をしておく**

EXERCISE

記入例にならい、志望動機の文を書くための要素をまとめてみましょう。

1 参加の目的（インターンシップで得たいもの）
【例】製薬業界について深く知りたい。

2 背景（個人的な事情）
【例】母が薬を多用しており、薬を通じて人を助けたい。

3 理由（参加企業の事業やインターンシップの内容）
【例】セルフメディケーション事業で業界を牽引。

4 意気込み（志望動機のまとめ）
【例】営業やマーケティングの知識を向上させたい。

志望動機作り② 実例を学ぶ

　ここでは、実際の志望動機の文を紹介します。自己PR文と同様に、まず800字で書き、それを短くして400字・200字の文を用意しておきましょう。

【例文】　ターゲット：大手化学メーカー○○社

　化学業界への知識を深めると同時に、チームワークを効果的に発揮する方法を知るために、インターンシップへの参加を希望します。

　所属する大学のゼミでは、大手企業と産学連携プロジェクトを行っていて、私も参加しました。企業の方々と共同作業をするなかで、事あるごとに「どうビジネスにつなげるのか」という発言を聞き、その大切さに気づくことができました。化学メーカーは研究・開発した素材や化学薬品を商品に発展させることが役割です。研究で終わらせるのではなく、成果を実社会につなげていけるところに魅力を感じ、化学業界に興味を持ちました。

　また、大学では、チームを組んで稲の実に含まれるDNAを検出する研究作業を、朝8時から夜9時まで1週間続けて行いましたが、最終日にデータが不完全なものだと気がついたことがありました。そこから手順や機器の使い方に問題がなかったか、メンバーでひとつひとつ問題点を探していくなかで、チームワークのすばらしさに改めて気づきました。研究職の一番のおもしろさは、メンバーがそれぞれの知見を共有し合いながら開発を進められることだと考えています。

　貴社は開発力・商品力の高さから化学業界でトップシェアを誇っています。企業研究を進めるうちに、貴社には社員一人ひとりの能力の高さもさることながら、優れたチームワークが存在し、それが現在の業績につながっていることがわかりました。

　今回のインターンシップでは、研究室や工場など、現場を見学できる機会がある点に魅力を感じています。また、グループワークでは実際の研究プロジェクトに参加し、実験やデータ解析などを行い、研究成果がどのように製品化につながっているかを知ることができる点にも注目しています。

　今回のインターンシップに参加することで、化学業界やチームワークについての知識を深め、さらに自分を成長させたいと考えています。**(778文字)**

【400字の例文】

　化学業界とチームワークについて知識を深めるために、インターンシップへの参加を希望します。
　所属する大学のゼミで、大手企業との産学連携プロジェクトに参加しました。そのなかで、化学メーカーは研究・開発の成果を商品として実社会につなげていけるところに魅力を感じ、化学業界に興味を持ちました。また、大学では、チームで稲のDNAを検出する研究作業を行っていましたが、問題が生じ、メンバーでひとつひとつ問題点を探していくなかで、チームワークのすばらしさに改めて気づきました。
　貴社に興味を持ったのは、企業研究を進めるうちに、優れたチームワークが存在し、それが現在の業績につながっていることがわかったからです。
　今回のインターンシップでは、実際の研究プロジェクトに参加し、研究と製品化のつながりを知ることができる点にも注目しています。化学業界やチームワークについての知識を深め、自分を成長させたいと考えています。（396文字）

【200字の例文】

　化学業界について知識を深めるために、インターンシップへの参加を希望します。大学のゼミで産学連携プロジェクトに参加し、化学メーカーは研究・開発の成果を商品として実社会につなげていけるところに魅力を感じ、化学業界に興味を持ちました。今回のインターンシップでは、実際の研究プロジェクトに参加し、研究と製品化のつながりを知ることができる点にも注目しています。これを機に、自分を成長させたいと考えています。
（198文字）

大切な要素を間違って削ってしまわないように！

LESSON 23 志望動機作り③ 文章化する

右ページの「EXERCISE」で実際に志望動機の文を書いてみましょう。以下のポイントも参考に、LESSON21で書き出した要素をつなぎ合わせます。

文章化のポイント

志望動機例 参加の意気込みを盛り込んだ志望動機

　ひとつの薬で世の中の人たちを健康にすることができる製薬業界について深く知りたいと思い、インターンシップへの参加を志望します。
　私の母は現在、持病の治療のため薬を多用しており、製薬業界は身近な存在です。母が健康に過ごせているのも、適切な薬を処方していただいただけでなく、治療に効果的な薬がしっかり社会に流通しているからだと考えます。大学では営業やマーケティングについて学んでいることもあり、薬剤師でなくても薬を通じて社会に貢献できるSR職やMR職に興味を持っています。
　貴社はOTC医薬品で数多くのトップブランドを売り出しており、セルフメディケーション事業では業界を牽引しています。健康寿命の大切さに注目が集まるなか、製薬業界の果たす役割はさらに拡大すると考えられます。また、今回のインターンシップのプログラムではSR職やMR職に同行し、仕事の現場を体験できる点に魅力を感じています。
　実際に業務に取り組みながら、製薬業界のあり方や製薬会社の事業について知識を深めると同時に、営業職やマーケティングに関する知識やスキルを向上させたいと考えています。
　ご検討のほど、よろしくお願いいたします。

- インターンシップに参加する**目的（何を得たいか・やりたいか）**を明確に示す
- **個人的な事情や体験談**と参加の目的を結びつける
- **大学での研究や活動**を参加希望の背景としてもよい
- **企業研究の結果**を盛り込んで、貴社でなければならない理由を書く
- **インターンシップのプログラムの内容**に魅力を感じていることを伝える
- 最後に、**インターンシップで得たいこと**を再度示し、締めくくりとする

800字で志望動機の文を書いてみましょう。
その後、文章を短くして400字や200字にまとめましょう。

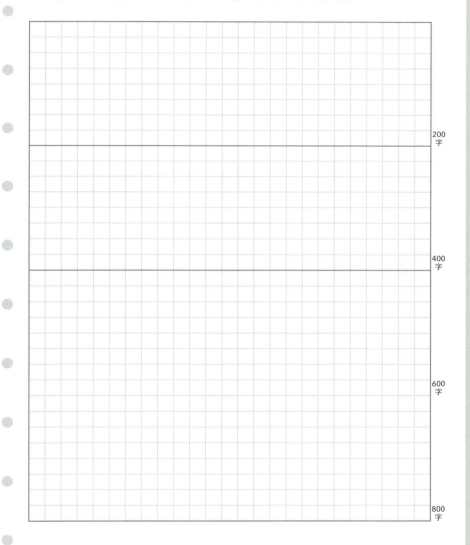

※このページを拡大コピーして使ってください。

LESSON 24 筆記試験対策① SPI

LESSON24〜25では、筆記試験の対策をしましょう。まず、多くの企業で採用されている適性検査であるSPIについて解説します。

SPIは能力検査と性格検査に分けられる

SPI（Synthetic Personality Inventory：総合適性検査）は、最も一般的な適性検査です。

SPIは、「能力検査」と「性格検査」に分けられ、能力検査に「英語能力検査」と「構造的把握力検査」が付属します。

■ 能力検査

どの職種にも求められる知的能力を測定する検査。物事を合理的に考え、行動し、課題を解決できる能力を問われます。**言語分野と非言語分野**の2つに分類されます。

言語分野では言葉の意味や文章に対する理解を測定し、**語彙力と読解力**が求められます。一方、非言語分野は、数的な処理、論理的思考力を測る検査で、**計算能力や基礎的な数式**の理解が求められます。

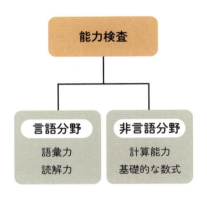

■ 性格検査

日常の行動から、人柄や職務・組織への適応力を測ります。内容には**「性格特徴」「職務適応性」「組織適応性」**の3つのカテゴリーがあります。性格特徴は「社会的内向性」や「達成意欲」、職務適応性は「関係構築」や「リーダーシップ」、組織適応性は「創造重視」や「結果重視」など組織風土との相性を問われます。

■ 英語能力検査と構造的把握力検査

英語能力検査は、総合商社や外資系企業など英語力を重視する企業で採用されます。高校卒業レベルの英語力が想定されますが、準備は必要です。

一方、構造的把握力検査では、物事の背後にある関係性を構造的に把握する力を測ります。出題形式には言語分野と非言語分野があり、能力検査とは異なる能

力を測定しているといえます。

演習をくり返して攻略しよう

　SPIは、明確な合格ラインが公開されていません。高得点を求める企業もあれば、平均的な点数でも次のステップに進める企業もあります。あくまでエントリーシートや面接の結果などとあわせて、**総合的に判断される**と考えましょう。

　その点を踏まえて、以下のような対策を行うとよいでしょう。

① 設問のスタイルに慣れる

　出題パターンがほぼ決まっているので、まずそれに慣れることから始めます。参考書や問題集を1冊購入して、**特定の範囲に限定してひたすら反復**してみること。問題を解き続けていくうちに設問のスタイルに慣れていきます。

② 短時間の勉強をくり返す

　長時間机に座って勉強に取り組むより、10分・20分のすきま時間を使って勉強したほうが効果的です。まとまった時間は業界研究や企業研究に回し、SPIの勉強は**電車の移動時間など**を上手に活用しましょう。

③ つねに解答時間を意識する

　SPIの問題は制限時間内で解くことが求められるため、じっくり時間をかけることができません。問題を解くときは、**制限時間を意識すること**が重要。解けない問題はパスをして、次に進みます。

④ 図を描いて理解する（非言語分野）

　よく出題される「順列」「組み合わせ」「料金問題」「仕事算」「推論」などの問題は、丸暗記では対応できません。答えではなく、**問題の解き方を理解すること**が重要です。苦手な問題は、ノートに図や表を描いて復習しましょう。

ココがポイント！
非言語分野の問題は図で攻略。図をイメージできるようになればOK

筆記試験対策② 適性検査と一般常識

　SPIのほかに、玉手箱、GAB（ギャブ）、CAB（キャブ）、TG-WEBなどの適性検査を採用している企業も増えています。また、一般常識テストも就活の筆記試験としては定番です。これらもあわせて対策をしておきましょう。

玉手箱、GAB、CAB、TG-WEBの傾向と対策

　ここでは、主な適性検査の概要や特徴、対策を紹介します。志望する企業で行われているものがあれば準備しておきましょう。

■ 玉手箱

　パソコンを利用する検査方式で、自宅で受検するのが基本。「言語」「計数」「英語」「パーソナリティ（OPQ）」の4項目のなかから出題されます。問題数が多いため、**比較的簡単な問題をすばやく正確に解答していきます**。

　対策として、玉手箱専用の問題集で練習しましょう。出題範囲は限定されているので、対策が立てやすいのも特徴です。

■ GAB

　全国のテストセンターで受検する「C-GAB」、自宅のパソコンで取り組む「Web GAB」、企業の会場で実施される「GAB」の3種類があります。**出題内容や形式が独特**で、「言語」「計数」などの知的能力、「パーソナリティ（OPQ）」や、チームワークの適性なども測定されます。知的能力検査の対策として、問題集や参考書で出題形式に慣れておきましょう。

■ CAB

　コンピュータ職への適性を判断する検査で、「暗算」「法則性」「命令表」「暗号」の4項目と、「パーソナリティ（OPQ）」で構成されています。テスト形式はGABと同様です。**出題パターンがある程度限定されている**ため、市販の問題集を使い、くり返し解くことで高得点をめざせます。

■ TG-WEB

　適性検査のなかでも特に難解とされており、大手メーカーや金融、外資系企業などを中心に採用されています。「言語」「計数」「英語」「性格適性検査」が主な

ジャンルです。**独特のスタイルで思考力を問われる従来型と、比較的難度が低く問題数の多い新型**が併用されています。最新の問題集で対策しましょう。

一般常識テストは80点をめざす

一般常識テストでは、中学から高校レベルの5教科（国語、数学、社会、理科、英語）と、時事問題の出題があります。企業によって傾向は異なるため、先輩やOB・OGに聞いて確認しておくとよいでしょう。

就活では自己分析や業界・企業研究に時間を割きたいので、一般常識テストの勉強は効率よくこなしましょう。「満点を取ろう」とは考えず、**コンスタントに80点取ることをめざします**。以下の手順で勉強を進めていくとよいでしょう。

● 一般常識テストの対策

出題傾向を調査	問題集を購入	間違えた問題を解く
先輩やOB・OGに取材して、志望企業の出題傾向を調査する	出題傾向に合わせて、問題集を1冊購入。最後まで解く	間違えた問題のみ、もう一度解く。試験の直前にもう一度見返す

時事問題も対策しておく

時事問題は5教科とは別に単独でも出題されるジャンルです。一般的に、企業が属する業界に関連した問題が出される傾向があります。

選択形式のほか、小論文としてまとめたり、口頭で回答したりする場合もあるため、**時事問題に対する意見を自分の言葉で話せるように**しておきましょう。

ここ数年話題になった出来事や人物に関する意見を問われることもあります。日頃から新聞やニュースサイトをチェックし、政治や経済、国際問題に対する関心を高めておきましょう。

大学3年生の3月から就活が本格化するから、筆記試験対策はそれまでに終わらせよう

LESSON 26 面接のコツ① 心得と振る舞い

　ここからは、面接の受け方について解説していきます。まずは、面接にのぞむ際の心得と、面接官に好印象を与えるための振る舞いを学びましょう。

面接にのぞむ前に3つの心得をおさえておこう

　選考において面接は大切な局面ですが、「合否は面接次第」と重く捉える必要はありません。過度に緊張したり萎縮したりしないために、ここで紹介する3つの心得について理解しておきましょう。

1　面接官は「よいところ」を見つけようとしている

　面接を受ける学生は採用してもらう立場なので、企業側の立場を優位に感じてしまいます。謙虚であることはとても大切ですが、必要以上に緊張することはありません。「欠点を見つけて落とそうとしている」と考えず、==「よいところを見つけようとしてくれている」==と考えたほうが、積極的な態度で面接にのぞめます。

2　ひとつのミスですべてが決まるわけではない

　面接は重要ですが、「うまく質問に答えられなかった」「あせって言い間違いをしてしまった」など、当日のちょっとしたミスを思い悩む必要はありません。ノーミスで完璧にこなすことをめざすのではなく、あなたの人柄も含めて理解してもらえるように対応しましょう。

3　「優等生＝企業が求めている学生」とはかぎらない

　企業が評価するポイントは、業態や企業文化、社風によって違います。必ずしも学業成績が優秀でスポーツ万能な人ばかりを求めているわけではありません。将来性や可能性を感じさせてくれる人であれば、喜んで迎え入れてくれるはずです。

　==「自分なんかダメだ」と面接を受ける前にあきらめないこと==。投げやりな態度や無気力な対応が最も嫌われます。

> 面接官だって普通の人！「落とそうとしている人」と考えると緊張するけれど、「よいところを見つけようとしてくれている人」と考えると気が楽になるよ

面接官の好印象につながる振る舞いとは？

あなたと面接官は初対面です。そして面接官は、あなたが**どんな振る舞いをするかを観察しています**。以下の7つのポイントに注意しましょう。

表情	無表情だと面接官に好印象を与えられません。**自然にほほ笑むくらいのやわらかい表情**で話しましょう。
声の大小	声が小さいと自信がなさそうに聞こえます。いつもより、**少し大きな声**で話したほうが、印象に残りやすくなります。
抑揚	暗記してきたことを棒読みすると、感情が伝わりづらく、話の大切なポイントもわかりません。**適度な抑揚**をつけて話しましょう。
話す速さ	速すぎても遅すぎてもよくありません。**面接官が話すスピードに合わせて**調整しましょう。
言葉遣い	「私はぁ〜、学生時代にぃ〜」と語尾を伸ばした話し方は、幼い印象を与えてしまいます。**語尾はすっきり切る**ほうが上品です。
姿勢	椅子に浅めに腰かけて、背筋を伸ばします。集団面接で人の話を聞くときも、**正面または面接官のほうを見ます**。
視線	面接官の目を見て話をスタートさせ、少し時間が経過してから、**面接官の顔**（鼻または口の周辺）を見て話します。

LESSON 27 面接のコツ② 集団面接

　面接は集団面接、個人面接、グループディスカッションの3つに分けて考えます。ここでは、集団面接について見ていきましょう。なお、グループディスカッションはPART 4でくわしく紹介します。

集団面接はかぎられた時間での対応が求められる

　集団面接では、3〜5人の学生に対して、2〜3人程度の面接官が対応します。基本的な質問に対して**的確に自分の意見を述べられるか**が評価の対象となります。右ページの「EXERCISE」で準備しておきましょう。また、以下のような3つの対策も重要です。

 回答はコンパクトに短くまとめる

　一人に与えられている時間はごくわずかです。他人の持ち時間を削ってしまうくらい、だらだら長く話してしまうと「自己中心的」「協調性がない」など、悪い印象を与えてしまいます。**回答は「短く簡潔に」が基本です。**

 他の学生の話をしっかり聞く

　集団面接では、同じ質問に全員が回答するという場合があります。そのようなとき、自分の順番ではなくても、他の学生の発言に耳を傾けるようにしましょう。**他者の意見を聞く態度**もチェックされていると考えてください。

 他人の回答とかぶっても気にしない

　同じ質問に対して全員が回答する場合、自分が用意していた答えを他の学生に先に言われてしまうことがあります。そんなときでも、あわてないこと。「私も◯◯さんと同じです」などとは答えず、**表現を工夫して言葉をつけ加えます。**

　集団面接の質問で求められるのは「斬新さ」や「意外な答え」ではありません。同じような内容の回答であったとしても、「◯◯さんと同じですが、私の場合は〜」と違いを強調すれば、的確な回答として認められます。

ココがポイント！
頭のなかで回答を考えていても、**他の人の話はしっかり聞いておく**

集団面接で聞かれる典型的な質問に答えてみましょう。口頭で短く簡潔に答えるつもりで、300字程度で書いてみましょう。

質問	回答
あなたの長所と短所を教えてください	
あなたは友人からどのような人だといわれていますか	
仕事をするうえで大切にしたいことはなんですか	

アナウンサーが話すスピードは、1分間に300〜350字程度。どんな質問でも300字以内で答えられるように練習しておくといいよ

LESSON 28 面接のコツ③ 個人面接

　個人面接では、あなたの持ち時間がたっぷりあります。質問に対する回答だけではなく、あなたの人柄やポテンシャルも評価の対象になることをおぼえておきましょう。

ごまかしはきかないが、受け答えのコツはある

　個人面接の持ち時間は30〜60分と長く、その場しのぎの対応は通用しません。右ページの「EXERCISE」を実践し、以下の3つのコツもおさえておきましょう。

1　すらすら答えようとしない
　「立て板に水」のように、すらすら答えようとしないこと。面接官はスピーチのうまさを判定しているのではなく、**あなたの答えが質問に対して的確であるかどうか**を見極めているのです。多少言いよどんだとしても、あなたの答えが的確で、語り口に誠実さが表れているなら、問題なく高い評価を得られます。

2　知ったかぶりをしない
　現役のビジネスパーソンであれば、業界の決まり事や常識を知らないのは恥ずかしいことですが、学生であれば多少の誤解や知識の不足があっても、大きな問題にはなりません。逆に、よく知らないのに話を進めてしまうと、うまくコミュニケーションがとれないまま面接が終わってしまいます。
　質問の内容がわからなかった場合は、「すみません。勉強不足で○○の意味がわかりませんでした」と**正直に申し出るように**しましょう。

3　話の着地点は「仕事のこと」にする
　企業側の立場で考えれば、すべての質問が**「仕事をする能力や適性」を判断するためのものであること**がわかります。その意味で、質問に対する回答がすべて仕事につながるのは当然のこと。面接官が「趣味」を聞く場合は、その趣味に対するあなたの姿勢が仕事に役立つかどうかを知りたいのです。

ココがポイント！
どんな質問でも**「仕事に結びつけて」返せる**ように練習する

個人面接で聞かれる典型的な質問に答えてみましょう。はじめから最後まで書くのではなく「核心の部分」だけを200字程度でまとめてみましょう。

質問	回答
大学・学部を選んだ理由を教えてください	
過去に経験した挫折や失敗について教えてください	
（面接官に対して）聞いてみたいことはありますか？	

「聞いてみたいことは？」と言われたとき、ホームページに掲載されている基本情報を聞くのはNG。社風や企業文化、人間関係など、その企業で働く人ならではの話を引き出す質問をしよう

LESSON 29 面接のコツ④ 伝え方を工夫する

　面接における質疑応答は会話のキャッチボールです。話の内容がすばらしくても、面接官にうまく伝わらなければ意味がありません。ここでは、面接にすぐに活用できる伝え方の基本ルールを紹介します。

ルール 1 「結論→理由」の順に伝える

　面接の持ち時間はかぎられているため、面接官の質問に対しては「結論」から伝え、その後「理由」をつけ加えます。**結論から先に話せば論理的に要点を伝えることができるため、**ビジネスシーンでも一般的な話し方です。

　以下の例を見てみましょう。

Q あなたが学生時代に苦労したことを教えてください

NG　理由 → 結論
私たちのサークルに在籍していたメンバーは30名ほどですが、
そのうち約半分がサークルをかけ持ちしており、まとまりがありませんでした。【理由】
学園祭のイベントでも人が集まらず、とても苦労しました。【結論】

OK　結論 → 理由
学園祭のサークルのイベントで人が集まらず、とても苦労しました。【結論】
私たちのサークルに在籍していたメンバーは30名ほどですが、
そのうち約半分がサークルをかけ持ちしており、
まとまりがなかったからです。【理由】

　面接官の質問の意図は、「苦労したことを最終的にどう克服したのか」なので、このあと、克服した経緯を話すことになります。
　このとき、「OK」の例のように「結論」を先に出し、「理由」をあとに述べておくと、**面接官に話を伝えやすくなります**。
　結論が先に出ているので、面接官も安心してその後の展開を追えるようになるのです。

ココがポイント！

「**結論**」を先に述べてしまうほうが、話の展開に苦労しない！

ルール 2 具体例をひとつプラスして話す

　面接の質疑応答では、**具体例をひとつプラスすること**を意識してみましょう。具体例を加えるだけで、説得力が生まれます。

　ただし、つけ加える具体例はコンパクトにまとめること。長々と話すのはNGです。

 Q 友人からどんな人だといわれますか

 具体例がない
ムードメーカーだといわれます。集団のなかで周りの空気を読みながら、その場に応じた発言をするように心がけていました。

 具体例をプラス
ムードメーカーだといわれます。サークル運営で意見が対立し、険悪な雰囲気になったときも、わざと冗談を言ったりして全体の雰囲気を変えていたからだと思います。【具体例】

 ルール 3 数字を入れてリアリティーを出す

　上記のように、具体例をプラスするとき、**「数字」を入れること**を意識してみましょう。口頭での質疑応答なので、統計的な数字を入れて話す必要はありません。ひとつふたつ数字を加えるだけでも効果的です。以下の例のように、よりリアリティーが感じられる表現になります。

 Q 学生時代に成し遂げたことを教えてください

テニスサークルの新人教育で成果を上げたことです。
当時は20チームが参加する大会で、つねにベスト3に入るほどの強豪サークルで、練習も厳しいものでした。10名ほどの新入生が練習についていけなかったので、特別に練習会を開きました。その結果……（省略）。

結論を伝えてから、具体例を追加するパターンをおぼえれば、短時間で印象的な話ができる人になれるよ

LESSON 30　面接のコツ⑤　質問と回答例その1

面接には定番の質問があります。ここからは具体的に、典型的な質問に対してどう答えればよいかを見ていきます。面接官の「質問の狙い」を読んでから回答を読み、「自分ならどう答えるか」を考えてみてください。

自己紹介は「キーワード」または「エピソード」を追加する

自己紹介は最も典型的な質問です。大学名、学部・学科、氏名を述べたあと、あれこれ盛り込もうとせず、コンパクトにまとめます。

以下のように、==「キーワード」または「エピソード」をプラスすると==、うまくまとめることができます。

Q 自己紹介をしてください

質問の狙い　自己紹介をさせることで、学生の基本情報を確認します。また、学生をリラックスさせるための簡単な質問として用いる場合もあります。

○○大学○○学部○○学科の××です。
私はこれまで「挑戦」をキーワードにさまざまなことに取り組んできました。
大学2年のときに、半年間バックパッカーとして20か国をめぐりました。
3年のときは、学内のビジネスコンテストで新しいビジネスモデルを提案し、優秀賞をいただきました。
本日は、そういったお話もできればと考えております。
よろしくお願いいたします。

○○大学○○学部○○学科の××です。
学生時代は、テニスサークルの代表として運営に力を入れてきました。
厳しい練習についてこられない1年生の個別練習に取り組むことで、==チームワークを重視した一体感のある環境を作りあげることができました。==
本日は、どうぞよろしくお願いいたします。

ココがポイント！

自己紹介は簡潔に。長すぎると、伝えたいことの焦点がぼける

会社選びの基準は、一貫性と理由をセットにしてアピール

　企業側は、会社選びの基準にまず一貫性を求めます。同時に、面接官は、その一貫性の理由（会社選びのポリシー）も知りたがっています。
「○○だから、この基準で選んでいます」または「この基準で選んでいる理由は○○だからです」と、**一貫性と理由をセットにして伝えましょう**。
　ただし、下のNG例のように、「社風」「環境」「人と接する仕事が好き」など、ごく一般的な理由だけでは説得力がありません。たとえ本心でも面接官の印象に残らないので、おすすめできません。OK例のように、個人的な体験を加えて簡潔にまとめることで、印象に残りやすくなります。

Q 会社を選ぶ基準を教えてください

質問の狙い
仕事や企業を選ぶときの基準を探っています。また、その選択に、一貫性やポリシーが感じられるかどうかを確かめています。

NG
企業の社風を重視しています。
どんな仕事を選んでも、職場の環境が合わなければ
長続きしないと考えているからです。
また、私は、人と接することが大好きなので、
サービス業を中心に選択しています。
ビジネスを通じて、社会に貢献できることを願っています。

OK
中小企業を支援できる企業を中心に就職活動をしております。
私の父は千葉県で自営業をしており、銀行の融資により危機を乗り越え
会社を成長させてきた様子を見てきたからです。
千葉県には、父の会社のような中小企業が、
まだまだたくさんあると考えています。
そういった企業を支えるため、現在、県内の地方銀行、
信用金庫を中心に就職活動を行っています。

Point!
「社風」「職場の環境」「人と接すること」など、よくある基準はできるだけ避け、個人的なエピソードを挙げながら理由を述べるほうが効果的。具体的なエピソードがあったほうが、印象が強くなる

面接のコツ⑥ 質問と回答例その2

二次面接以降では、より深い考察が必要な質問が出されます。ここでは、情報リテラシーを問われる「気になるニュース」と、将来を予測する思考力を問われる「キャリアビジョン」への対応を説明します。

仕事に直結する分野のニュースにしぼる

分野が限定されていなかったとしても、面接官は、**所属する企業の業務に関連するニュース**を学生が取り上げることを期待しています。個人的に関心のあることでも、その企業の業務と関係のないニュースは、避けたほうが無難です。

また、情報に対する感度やリテラシーを十分にアピールできるニュースを選択したほうがうまくいきます。

Q 最近の気になるニュースはなんですか？

質問の狙い
情報感度の高さやリテラシーを確かめています。国際問題や経済、経営、最先端技術など、仕事に直結する分野の知識も求めています。

 オリンピックに注目しています。
私は高校から8年間柔道に打ち込んでいたので、
日本選手の活躍に期待しています。
最近は、お家芸といわれながら、よい結果を出せていないので、
今回こそ日本柔道の底力を見せつけてほしいと願っています。

 日本のロボット工学に注目しています。
大学でコンピュータサイエンスを専攻しており、
AIとロボット工学の関係について理解を深めることを目標にしてきました。
少子高齢化が進む日本で、ロボティクスへの期待は高まっており、
最近は特に、農業用収穫ロボットに関するニュースに注目しています。
このロボットは日本の農業を大きく変える可能性があると思います。

Point! 自分の得意分野（学部・学科）と矛盾しないほうが説得力がある！

具体的な期限と手順を交えてビジョンを語る

「頼られる先輩になりたい」「定年まで勤めあげたい」など、単なる将来に対する希望は、キャリアビジョンではありません。

キャリアビジョンには、**「具体的な数値が盛り込まれていること」**や**「仕事で成果を上げるための手順」**を入れるようにします。さらに、多少は願望を入れてもかまわないので、仕事で自己実現をするためのゴールをプラスして語るようにしてみましょう。

企業研究の成果をアピールするつもりでスピーチします。

Q 10年後のキャリアビジョンを教えてください

質問の狙い
将来に対する認識が的確かどうかを判断しようとしています。また、そのビジョンに説得力があるかを見ることで、状況判断ができる人かどうかを探っています。

NG
10年後は、後輩の指導をできるように、
仕事を熟知したベテランになっていたいです。
そして、後輩からも信頼されるような人間に
なりたいと思っています。

OK
10年後には、新興国における現地法人の責任者として、
開発のプロジェクトに携わっていることが、私の目標です。
それを実現するために、前半の5年間は、
徹底的に土木技術について勉強したいと考えています。
そして、その後の5年間で、現地に赴き、
新興国の技術者と情報交換を行いながら、
インフラの整備に貢献したいと思います。
さらにその後、現地で実績を積んで、
プロジェクトリーダーとして活躍するビジョンを持っています。

Point! 具体的なキャリアビジョンを語ることができれば、実際に働いているイメージをしっかりと描けている人だということをアピールできる

LESSON 32　面接のコツ⑦　面接室の入退室

　ここでは、面接室への入り方と退室の仕方を説明します。面接前後の振る舞いも面接官に見られていることを忘れないようにしましょう。

社会人としてふさわしい行動をしよう

入室から椅子に座るまで

1. ドアの前に静かに立ち、3回ノックする

2. ドアを開ける前に、なかに聞こえる声で「**失礼します**」と言う

3. 室内に入ったら一礼（敬礼）、ドアを閉めてあいさつする「**失礼します。○○大学から参りました山田花子です。本日はよろしくお願いいたします**」また一礼（最敬礼）する

4. 面接官から着席するように促されたら、椅子の後ろを通って自分の席へ

5. 椅子の右側にかばんを置き、一礼（会釈）してから着席する（コートは、膝の上に畳んで置く）

椅子には浅く腰かけよう

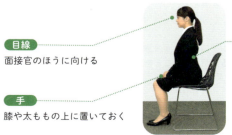

目線
面接官のほうに向ける

座り方
背筋を伸ばし、背もたれに寄りかからないように。深く腰かけると印象がよくないうえ、声も出しにくくなる

手
膝や太ももの上に置いておく

■ 退室するときも気を抜かずに

受け答えが終わるとほっとしてしまうものですが、まだまだ面接は続行中。**入室時と同じような緊張感を持って丁寧に退室しましょう。**

4 ドアの前で面接官のほうを向いて一礼（敬礼）、「**失礼します**」と言って退出する

3 椅子の後ろ側を通ってドアのほうへ

2 すばやくかばんを持ち上げる

1 面接が終わったら、立ち上がって一礼（最敬礼）、「**ありがとうございました**」とあいさつする

■ お辞儀は3種類！

最敬礼 45度

男性の場合は手は横に。女性はからだの前で重ねる

面接官の前で名乗ったり、面接が終わってお礼をしたりするときに使う

敬礼 30度

面接室への入室、退室のときに使う

会釈 15度

人とすれ違うときなどに。お尻が突き出たり、首だけを曲げたりするのはNG

LESSON 33 面接のコツ⑧ 失敗を防ぐ

　面接で失敗することは誰にでもあるので、気に病む必要はありませんが、未然に防げるミスを何度もくり返すのは考えものです。ここでは、面接時における典型的なミスを紹介しておきます。

「行動」にかかわるミスは、意識して回避しよう

　遅刻やあいさつ、態度、声の出し方など、行動にかかわるミスは事前に注意しておくだけで回避が可能です。以下の4つのポイントに気をつけましょう。

1 遅刻

　面接にかぎらず、時間厳守は当たり前です。公共交通機関の遅延などで遅刻する場合は、**わかり次第、電話で連絡を入れておきます**。
　Web面接の場合も同様です。通信環境のトラブルなどでアクセスできなくなったときは、電話で連絡します。

2 あいさつを忘れる

　入室時や退室時、着席の前後など、お辞儀やあいさつが必要なシーンはたくさんあります。**自然にあいさつができるようになるまで練習しましょう**（詳細はLESSON 32参照）。

3 姿勢が悪い

　本人にその気がなくても、姿勢が悪いだけで「やる気がない」「だらしない」などの評価につながってしまいます。正しい座り方（LESSON 32参照）を身につけましょう。

4 相手の顔を見ない

　面接で質問をされたときは、そちらに向き直り、相手の顔を見て答えます。**下を向いたまま話すのはマナー違反です**。
　また、じっと相手の目を見つめたまま話し続けるのは、相手に圧迫感を与えてしまうので、途中から相手の鼻や口の周辺を見ながら話します。

ココがポイント！
30分早く家を出るだけで、交通機関の遅延に対応できる場合がある

面接の練習で「質疑応答での失敗」を予防しよう

　声量や抑揚、面接での受け答えなど、自分だけでは気づかないことも多々あります。友人や家族にお願いして、何度か面接の練習をしておきましょう。

1　声が小さくて聞こえない

　緊張していても、聞き取れないほど小さい声にならないように注意しましょう。逆に、無理に大きな声で話すのも不自然です。**おなかから声を出すつもりで、いつもよりゆっくり話すように**すると、聞き取りやすい声が出せます。

2　質問に対して黙り込む

　うまく返答できない場合も、黙り込まないようにしましょう。「沈黙＝拒否」と受け取られる恐れがあります。返答できない場合は、以下のような表現で謝罪し、時間を置いてから答えるようにします。

> 「勉強不足で申し訳ありません」
> 「適切な答えが見つかりません」
> 「少し考える時間をいただけますでしょうか」

3　同業他社を批判する

　面接を受ける企業から好印象を得ようとするあまり、同業他社を批判してしまう人がいます。しかし、このような発言からは、誠実さが感じられないため、NGです。

　同業他社はライバルですが、不当におとしめるような意見を述べても、喜んではもらえません。ネガティブな発言をしないように注意しましょう。

> 自分の話し方や姿勢、ジェスチャーのクセなどは誰かに指摘してもらわないと気づかないもの。スマートフォンで撮影して見返すのもよい方法だよ

インターン生のギモン：面接やグループディスカッションの練習法

Q 面接やグループディスカッションの経験がなく、本番でうまくできるか不安です。よい**練習法**はありますか？

A まずは**大学のキャリアセンター**に相談してみましょう。先輩や友人に協力してもらう方法もあります。

　面接もグループディスカッション（GD）も、**場数を踏むことが大切**です。事前に練習しておけば、スキルが上がっていきますし、過度に緊張したり不安になったりせず、本来の自分の実力が発揮できるはずです。

　場数を踏む方法として、以下のようなものが考えられます。

練習法① キャリアセンターを活用する

　大学のキャリアセンターでは、面接やGD対策の場を提供してくれる場合があります。学生同士で情報交換もできるのでおすすめです。

練習法② セミナーや模擬練習サービスを利用する

　就活支援サービスを提供している会社のなかには、面接・GD対策のセミナーや模擬練習を実施しているところがあります。

練習法③ 先輩や友人と練習する

　先輩に面接官役をお願いして質問してもらったり、友人たちとさまざまなテーマで模擬GDを行ったりするのも有効です。

　GDの練習では、役割を変えて議論してみるのもおすすめです。考える力や話す力が鍛えられるはずです。本番で議論の進行を妨げる「クラッシャー」が登場しても、場数を踏んでいれば冷静に対処できます（LESSON51～54参照）。

　上記のいずれの方法も、**練習のあとに、自分の受け答えや発言を振り返り、改善点などをメモして、実践に生かす**ことも大切です。友人たちの参考にできそうな言動があれば、それを取り入れてみるのもよいでしょう。

PART

3

インターンシップに参加するための準備をしよう

インターンシップでは社会人らしい行動が求められます。
まずは学生から社会人に意識を切り替えましょう。
また、参加する企業についてリサーチしておくと
その後の就職活動にもつなげられます。
この PART を読んでしっかり準備しておきましょう。

LESSON 34 社会人としての身だしなみ

インターンシップ中の学生には、社会人としての身だしなみが求められます。服装や髪型で個性をアピールする必要はありません。ここでは、インターンシップなどの就活シーンにふさわしい身だしなみのポイントを解説します。

スーツは黒、紺、グレーの3色から選ぶ

身だしなみのPOINT

髪型・ひげ
短い黒髪がおすすめ。耳と額が見えると清潔感がアップする。寝ぐせや整髪料のつけすぎに注意。ひげは剃っておく。

ネクタイ
ネクタイは少し明るめの色でもOK。スーツの色と同系色を選べば落ち着いた印象に。結んだときに、先がベルトにかかるような長さにする。

スーツ・シャツ
スーツは黒、紺、グレーなど落ち着いた色に。シャツは白が基本。ジャケットは腕を下ろした状態でシャツの袖が1～2センチ程度見えるものがジャストサイズ。パンツ丈は座ったときに靴下が1～2センチ見える程度に。2つボタンのジャケットの場合は上ボタンだけを留める。

ベルト
基本的には靴の色に合わせる。黒の靴なら黒いベルト。こげ茶の靴ならこげ茶のベルト。

かばん
色は黒。A4の書類が入るサイズで、床に置いても自立できる厚めのものがおすすめ。

靴
基本は黒の革靴。ストレートチップ、またはプレーントゥを選べば問題はない。しっかりと磨き、清潔感を出す。スニーカーはNG。

■**ストレートチップ**
つま先に横一文字の線（革の切り替え）が入ったフォーマルな靴。

■**プレーントゥ**
つま先に装飾のない革靴。汎用性が高く、カジュアルシーンでもはける。

NG
まゆげと額が見えないのはNG。前髪を下ろすなら、左右に流すかセンター分けにする。

靴下
黒や紺の無地が基本。くるぶしソックスはNG。

身だしなみのPOINT

髪型
黒髪が基本で、明るすぎなければ染めてもOK。前髪は目にかからない長さにするか、左右どちらかに流す。ロングヘアの場合は、ひとつに束ねる。またはハーフアップにして束ねる。

メイク
「明るく、健康的に見えること」を心がけたナチュラルメイクに。つけまつげや濃い口紅、カラーコンタクトレンズ（サークルレンズも含む）などの派手すぎるメイクはNG。

スーツ・シャツ
スーツは黒、紺、グレーなど落ち着いた色に。シャツは白が基本。ジャケットのボタンはすべて留め、シャツの袖はジャケットから見えないようにする。スカート丈は長くても短くてもNG。座ったときに膝が見える程度の長さに。パンツスーツの場合は、靴のヒールに1センチ程度かかる長さに調整する。

アクセサリー
ピアスやイヤリング、ネックレスなどのアクセサリー類は外す。腕時計はOK。

ストッキング
ストッキングは自分の肌の色に近いものを選ぶ。黒のストッキングはNG。伝線対策に予備を持っておくと◎。

靴
靴は黒いパンプスが標準。ヒールの高さは3〜5センチくらいが好ましく、歩きやすい。スニーカーやサンダルはNG。

顔周りに髪がかかると表情が暗い印象を与えてしまう。色の濃い口紅やチークも避ける。

かばん
色は黒。A4の書類が入るサイズで、床に置いても自立できる厚めのものがおすすめ。

ここで紹介した服装は春と秋のスタイル。夏や冬は、これを基準に季節に合った服装にアレンジしよう

PART 3 インターンシップに参加するための準備をしよう

LESSON 35 社会人としての振る舞い［基本編］

インターンシップに参加中は、学生も企業の一員として業務の一部を担当することになるため、社会人としてふさわしい行動を求められます。ここでは、インターンシップで評価される社会人らしい振る舞い方の基本を紹介します。

コミュニケーションの仕方を意識しよう

指示を受けたり、それに対して質問や相談をしたりと、インターンシップでは社員と接する機会も多いでしょう。好印象を残せるよう、以下のポイントをおさえ、**意識の切り替え**をしましょう。

ポイント① 話すときの目線

背筋を伸ばして顔を上げ、向き合った相手と**目を合わせる**こと。アイコンタクトを適度に入れると「自信がある人」という印象を与えることができます。

ポイント② 丁寧な言葉遣い

年齢の近い社員と話す場合も、ビジネスの場だということを念頭に置きましょう。敬語を使うのはもちろんのこと、丁寧な言葉遣いを心がけてください。**ハキハキと語尾までしっかりと発音する**と、堂々とした印象を持ってもらえます。

ポイント③ 「ありがとうございます」を口癖に

インターンシップに参加する機会をもらった、という感謝の気持ちを忘れずに。指導してもらった際には、**笑顔で**「ありがとうございます」と伝えましょう。

> 表情や話し方、しぐさは、
> 自分が思っている以上に印象を左右するよ！

時間を厳守しよう

学生生活では、授業やアルバイトに少しくらい遅れても大目に見てもらえたかもしれません。しかし、社会人は**時間厳守が基本**です。時間にルーズな人は、それだけで評価が下がります。どんな場面でも10分前行動を心がけるようにして、社会人としての意識を高めましょう。

チームワークを心がけよう

　職場は、社員同士で協力しながら仕事に取り組む場所です。他の人が気持ちよく仕事を進められるよう、気を配りましょう。

　また、グループディスカッションやグループワークでは、チームワークを大切にして議論や業務を進めているか、という点も重要な評価ポイントです。議論を率先して引っ張っていくリーダーシップに加えて、場を盛り上げたり、発言回数が少ない人に話題を振ったりするなど、**チームのメンバーに配慮した行動**を心がけましょう。

責任感を持って行動しよう

　インターンシップであっても、自分の仕事に責任感を持つことが求められます。しっかりと責任感を持って行動すれば、自分を大きく成長させることができるはずです。

　自分が頼まれた仕事・業務に対しては、**積極的に「報告・連絡・相談」**を行うようにしましょう。問題が発生したときも、すばやく「報告・連絡・相談」をすることで、情報をスムーズに共有でき、早期解決につながります。

どんなことにも積極的に取り組もう

　インターンシップ中に経験することは、すべて自分の糧になります。就活を有利に進められるだけでなく、将来社会人として働く際にも役に立つと考えると、あらゆる場面に学びがあります。**「なんでもやります！」という姿勢**で業務にのぞみましょう。

　慣れない環境で緊張することもあるかもしれません。それでも、笑顔を忘れずに、**つねに明るくポジティブな気持ちで積極的に**取り組むことが、高評価につながります。

ココがポイント！
好印象を残せば、**本選考につながるチャンス**が生まれる

LESSON 36 社会人としての振る舞い【行動編】

インターンシップへの参加を機に、学生から「社会人モード」へと意識を切り替えていきましょう。ここでは、学生と社会人との違いや「社会人モード」への切り替え方を紹介します。

学生から社会人へとモードチェンジしよう

LESSON35で紹介したように、社会人らしい振る舞い方は学生とはまったく異なります。下の表は、5つの項目について学生と社会人の違いをわかりやすくまとめたものです。
「社会人モード」に切り替えるために、右ページの「EXERCISE」を活用してみましょう。表の5つの項目ごとに、社会人らしい行動を考えて記入します。

■ 責任
社会人になると責任の範囲も大きく、重くなります。**責任感を持った振る舞い**はどういうものか、記入してみましょう。

■ 時間管理
スケジュールや時間を守るための行動を挙げてみましょう。

■ 人間関係
社会人は人と接する機会が増えるため、**つねに気を配る**必要があります。

■ 言葉遣い
正しい敬語を使えたか、チェックしてみましょう。

■ 評価の基準
社会人の評価ポイントは多岐にわたり、**つねに大人の振る舞い**が求められます。

観点	学生	社会人
責任	責任は軽く、範囲は狭い	責任は重く、範囲は広い
時間管理	大まかでもOK	時間厳守
人間関係	シンプル （好き嫌いで選ぶ）	複雑 （立場や役職、年齢を意識）
言葉遣い	若者言葉も許容	敬語が基本
評価の基準	出席率、テスト、レポート	業績、能力、専門性

記入例にならい、日常生活で学生から社会人に意識を切り替えてみましょう。
1週間に1回程度、達成度をチェックして、見直すことも大切です。

責任

【例】人との約束を破らなかった。もしくは、守れないことがわかったとき、すぐに相手に相談できた。

時間管理

【例】大学の授業やアルバイト、飲み会など、始まる10分前に到着するようにした。遅刻しそうな場合、早めに連絡を入れ、到着予定時間も伝えた。

人間関係

【例】会話に加わっていない人に気を配り、会話に参加できるように話を振ったり、話題をリードしたりすることができた。

言葉遣い

【例】先輩、アルバイト先の社員、目上の方に対して、正しい敬語を使って話せた。

評価の基準

【例】アルバイトやサークル、部活で、「質」と「スピード」を両立させることを意識しながら行動できた。

正しい敬語と言葉遣い

インターンシップに参加している間は、社会人らしい言葉遣いを心がけることが大切。ここでは、ビジネスの現場でよく使われる表現や言い回しをマスターしておきましょう。

 ## インターンシップ中の言葉遣いの最重要ポイント

インターンシップとはいえ仕事の場ですから、学生同士であっても友達と話すような感覚で会話をするのは適切ではありません。日頃から言葉遣いに注意して生活し、社会人らしい話し方ができるようにしておきましょう。

生活全般において正しい言葉遣いを身につけることが理想ですが、まずは職場で頻出する「特に注意したい言葉遣い」を知っておきましょう。

たとえば、目上の人と接する**ビジネスの場では**、一人称は「私（わたし）」ではなく、「**私（わたくし）」のほうが適切です**。相手の会社のことは「御社」と呼ぶのが基本。履歴書やメールなどで使用する場合は「貴社」が正解ですが、話し言葉では使いません。

話し言葉なら「御社」、書き言葉なら「貴社」とおぼえておきましょう。

また、ら抜き言葉は、軽い印象を与えてしまうため、社会人の言葉としてふさわしくありません。

そのほか、「えーと」「あのー」など、話をつなぐときに無意識に使う言葉（無機能語）は、マナー違反ではありませんが、多用すると自信がないように聞こえてしまうため、注意が必要です。相手の質問に答えるときは、**まず「はい」と返してから、ひと呼吸置いて話し始めるように**してみましょう。この「はい＋ひと呼吸」の手法を使えば、「えーと」「あのー」などの無機能語を自然に回避できるようになります。

	✕ 避けたい	〇 適正
一人称	僕・自分・私（わたし）	私（わたくし）
企業の呼び名	貴社・こちらの会社	御社
ら抜き言葉	見れる・食べれる	見られる・食べられる
無機能語	えーと・あのー・まぁ	はい（＋ひと呼吸）

つなぎ言葉と若者言葉のNG例とは？

インターンシップにかぎらず、面接や、OB・OG訪問するときにも役立つ正しい言葉遣いをおぼえましょう。

まず、話をつなぐときに注意したいのは、**「～なんで」「～なので」「～だから」の3パターン**。いずれも軽い印象を与える言い回しなので、職場ではふさわしくありません。

上記の3つのパターンは「～ですので」「～ので」と言い換えることができます。はじめは堅苦しく感じますが、慣れれば自然と言葉が出てくるようになるので、くり返し練習しておきましょう。

また、いわゆる若者言葉もビジネスの場ではふさわしくありません。「～な感じに」は「～といった具合に」に、「（問題なしを告げる）大丈夫です」は「承知いたしました」と言い換えます。**若者言葉は自分でも意識せずに使っていることも多い**ので、チェックしておきましょう。

正しい敬語を使うのは意外に難しいので、下表の**5つの動詞の尊敬語（相手が主体）と謙譲語（自分が主体）**をおぼえることから始めましょう。

● 避けたいつなぎ言葉と若者言葉

	✘ 避けたい	◯ 適正
つなぎ言葉	～なんで・～なので・～だから	～ですので・～ので
若者言葉	～な感じに	～といった具合に
	（問題なしを告げる）大丈夫です	承知いたしました
	（辞退する）大丈夫です	けっこうです

● 基本的な5つの動詞（尊敬語・謙譲語）

	尊敬語	謙譲語
見る	ご覧になる	拝見する
聞く	お聞きになる	承る・伺う
言う	おっしゃる	申す・申し上げる
行く	いらっしゃる	伺う・参る
来る	いらっしゃる・お見えになる	参る

友達とシミュレーションすれば自分の悪いクセがわかる！

LESSON 38 参加する企業を研究する

インターンシップに参加する前に、改めて参加企業の情報をまとめておきましょう。ここでは「企業のどのようなデータを見ればよいか」を説明します。

定期刊行物から情報を入手する

企業のホームページはもちろんのこと、『**会社四季報**』などの定期刊行物を参照して企業研究に役立つ情報を手に入れましょう。1年間に4回刊行される『会社四季報』(発行：東洋経済新報社)には、業界担当者がまとめた日本の上場企業の特徴や株式に関連する情報などが掲載されています。株式投資において重要な役割を担う情報誌ですが、学生の情報収集にも最適です。

また、『会社四季報』に関連する刊行物『**就職四季報**』にも役立つ情報が掲載されています。後者のほうがよりダイレクトな情報が揃っているので、2冊を併用する方法もおすすめです。

業界誌の特徴とポイント

会社四季報
- 対象は上場企業のみである。
- 企業に関する詳細なデータが掲載されているため、特定の企業を深く研究するときに役立つ。
- 業績(売上高、経常利益の増加率)、財務(自己資本比率)、株主などをチェックしたいときに役立つ。

就職四季報
- 約5000社の最新情報を閲覧できる。
- 採用数、有休取得状況、採用実績校、業績、残業時間など会社の実情がわかる。
- 企業の人気ランキング、平均勤続年数、平均年収などがランキング形式で掲載されている。

上記の方法などで収集した情報は、右ページの「EXERCISE」で企業ごとにまとめておきましょう。

企業のプロフィールや企業理念、福利厚生はホームページから、事業内容や業界内のシェアなどは定期刊行物からのデータを記載します。参加した会社説明会やOB・OGから得た情報もあわせて記入していきましょう。

ココがポイント！
企業の情報がまとまっている**定期刊行物を活用**する

インターンシップに参加する企業の情報をまとめておきましょう。

| 企業名 | | | | |

基本情報	企業のプロフィール	設立年		年間売上高	
		従業員数		平均年齢	
		本社の所在地			
		他事業所の所在地			
		主要取引先			
	企業理念				
	事業内容				
	商品・サービスの概要				
市場・シェア・将来性	業界の市場規模				
	業界内のシェア				
	将来性（業界全体／企業）				
	福利厚生・社風				

※複数の企業を研究する場合はコピーして使ってください。

PART 3　インターンシップに参加するための準備をしよう

095

LESSON 39 業界の情報もチェック

LESSON38で企業の情報をまとめたら、最新の業界動向も調査しておきましょう。ここでは、業界動向の詳細なデータを取得する方法を説明します。

業界の最新動向を確認する

業界の最新の動向を知るには、下の表にリストアップしたサイトを順番にチェックしてみましょう。はじめに目を通すのは「業界動向全般」の2つのサイトです。市場規模や生産量、業界展望などの**各種データが掲載されています**。

次に「産業別白書」にある経済産業省などが公開している**白書や報告書**を確認しておきましょう。業界を取り巻く最近の動向がリサーチできます。

その後、より詳細なデータを「産業別検索」で取得しましょう。専門誌や新聞などの情報をデータベースから検索できる**国立国会図書館のリサーチ・ナビ**などを活用します。また、同時に業界（事業）の市場規模も「業界規模」の代表的な情報ソースで調査しておきましょう。

収集した情報は、インターンシップに参加する業界ごとに右ページの「業界研究シート」に記入しましょう。順番に項目を埋めていくことで、情報が整理されていきます。

対象	代表的な情報ソース
業界動向全般	TDB REPORT ONLINE（帝国データバンク） ブランド・ジャパン（日経BPコンサルティング）
産業別白書	製造基盤白書／中小企業白書／エネルギー白書（経済産業省ほか）
産業別検索	産業情報ガイド（国立国会図書館「リサーチ・ナビ」内のページ） ディープ・ライブラリー（ディープ・ライブラリープロジェクト）
業界規模	①官公庁が発行する資料 ②業界団体が発行する資料 ③調査会社の市場レポート

事前に情報収集しておくと
有意義なインターンシップにつながるよ

インターンシップに参加する企業の属する業界について、以下の「業界研究シート」にまとめておきましょう。

● 業界研究シート　　　　　　　　　　　年　　月　　日

気になる業界	【業界】 【理由】
ビジネスモデル	【何を（例：日用品）】 【誰に（例：消費者）】 【どのように提供（例：店舗で販売）】
業界のニュース	
業界の課題と展望	【課題】 【展望】
関連業界		
メモ	

※複数の業界を研究する場合はコピーして使ってください。

PART 3　インターンシップに参加するための準備をしよう

LESSON 40 オンライン対策〔準備編〕

新型コロナウイルスの影響で、インターンシップの面接やインターンシップ自体をオンラインで実施する企業が増えました。ここでは、対面とは異なる対応が必要となるオンラインでの対策を説明します。

事前に通信環境やツールを確認

オンライン対策で重要なのは、安定した通信環境とデバイスです。イヤホンやマイクなどの周辺機器の状況も確認しておきましょう。

ポイント① 通信が安定している環境で

まずは、自宅のインターネットの通信環境をチェックしましょう。通信が不安定になる可能性が高いポケットWi-Fiやフリー Wi-Fi、スマートフォンのテザリング機能などは避けたほうがベター。**通信が安定している有線LANを使うのがおすすめです**。「自宅から参加」という条件がないのであれば、コワーキングスペースや大学が用意している面接用の防音ブースなどの利用も検討しましょう。

ポイント② スマートフォンよりパソコンを

スマートフォンの小さな画面では面接官や担当者の表情がわかりづらく、受け答えが十分にできません。**通信環境の安定性という面でも、極力パソコンを使用しましょう。**

ポイント③ 内蔵マイクではなくヘッドセットで

デバイス内蔵マイクでは、扇風機やエアコンなどの周囲の音をひろってしまう可能性があります。イヤホンとマイクがセットになった**ヘッドセットなら相手の声も聞き取りやすく、自分の声も明瞭に伝わります。**

ポイント④ パソコンスタンドやリングライトを活用

カメラの角度や室内の明るさもオンラインの場合は重要なポイント。パソコンスタンドやリングライトなどのツールをうまく活用しましょう。

> 準備は少なくとも2週間前に。
> パソコンやツールの操作にも慣れておこう！

オンラインならではの心がまえ

対面と異なり、オンラインでは自分自身の振る舞いだけでなく、周囲の環境にも気を配る必要があります。しっかりと準備して当日を迎えましょう。

環境
生活音や工事の音など、**周囲の環境音にも気を配ります**。家族と同居している人は、事前に必ず声をかけておきましょう。また、日中は**自然光が入る位置を選ぶ**こと。夕方以降などはリングライトを使用して顔色が暗くならないように注意しましょう。

身だしなみ
パソコンや通信環境のトラブルなどで立ち上がるケースも考えられるので、対面と同様に**上下ともにスーツを着用し、髪型も整えておきます**。メイクをする場合は、照明との相性も重要。対面と同じナチュラルメイクでは顔色が悪く映ることもあるので、事前に撮影してチェックしておきましょう。

カメラの位置
カメラは目線の高さに合わせること。**パソコン画面ではなく、カメラのレンズを見る**ようにすると相手に好印象を与えます。

背景
余計なものが映り込まないよう、壁を背にするのが基本。窓を背にしなければいけない場合は、無地のカーテンをかけて閉めておきます。**ボカシやバーチャル背景は避けたほうが無難です**。

事前テストのチェック項目は？

本番と同じ環境で、少なくとも1回は実際に接続し、テストしておくと安心です。以下の4つの項目を、家族や友人に協力してもらって確認しておきましょう。

- 声や映像にタイムラグが発生しないか
- 音声はクリアでノイズがないか
- 背景に余計なものは映り込まないか
- カメラの角度は適切か

LESSON 41 オンライン対策［好印象のコツ&実践編］

実際にオンラインで好印象を与えるにはどうしたらいいのか。ここでは、そのコツをおさえておきましょう。また、当日トラブルになった場合の対処法もおぼえておくと安心です。

オンラインで好印象を与えるコツ

言葉遣いや振る舞いなどは対面と変わらない部分もありますが、オンラインだからこその気遣いが印象アップにつながります。

コツ①　いつもより1.5倍のリアクションで

オンラインのデメリットは、画面に映る表情しか見えないために伝わる情報が少ないこと。そのため、熱意を込めて話しているつもりでも「リアクションが乏しい」「性格が暗そう」と思われてしまうなど、本来の人柄が伝わらない可能性があります。**通常よりも表情を豊かに、大きめの反応をするように意識しましょう**。いつもの自分より1.5倍のリアクションを心がけるのがおすすめです。

コツ②　ゆっくり、ハキハキと話そう

回線の不具合から声が聞き取りにくかったり、タイムラグが発生したりすることもあります。カメラを通して話していることを念頭に置き、**普段の会話よりもゆっくりとハキハキ話すと内容をしっかりと伝えられます**。重要なキーワードや固有名詞などは、2回くり返すのもおすすめです。

相手の発言に対しても大きく相づちを打つなど、**きちんと聞こえていることを伝える**のもポイント。オンライン上の気遣いは、しっかりと見られています。

コツ③　成果物を見せるチャンスも！

面接などでは「成果物」を紹介できるメリットもあります。ゼミ活動で作った資料やスポーツで使い込んだ道具など、**自己PRや志望動機でアピールする内容と関連するものを用意**しましょう。

ココがポイント！
オンラインならではのコツを生かすことで好印象を与えられる

オンラインで役立つチェックポイント

さらにおさえておくべきオンライン特有のポイントは以下の4つ。何が起きても落ち着いて対応できるようにしておきましょう。

1 入退室の手順を把握しておこう

ログイン（入室）	指定された時間の10分前までにログインして、待機しておきましょう。担当者が時間より前に入室していても、こちらから話しかける必要はありません。
あいさつ＆受け答え	呼びかけられたら「音声が届いておりますでしょうか」と確認してから、画面に向かって一礼してあいさつを。基本的なやり取りは対面と同じです。
ログアウト（退室）	終了後は相手のあとに退室を。先に退室を促された場合は「失礼します」と言ってからログアウトします。

2 メモ帳を用意しよう

パソコンでメモを取ることはおすすめできません。**タイピングの音が相手にも伝わり、印象が悪くなってしまいます**。メモ帳にメモを取るときは、「メモを取ってもよろしいでしょうか？」と声をかけ、許可をもらってからにしましょう。

3 カンニングは見透かされる！

相手から見えなくても、メモや資料を見ながら話すのは避けたほうがよいでしょう。**自分が思っている以上に「視線の移動」は相手にわかるもの**です。自然なコミュニケーションを心がけましょう。

4 終了後にはメールでお礼を

基本的なマナーは対面と同じです。面接やインターンシップの機会をもらったことに対して、メールでお礼をしましょう。**ビデオ会議ツールのチャットよりもメールのほうが丁寧**です。

当日、急な通信＆パソコントラブルになったら？

「直前に回線が落ちる」「パソコンがフリーズする」などのトラブルが発生したときには、担当者に電話をして状況を説明します。**事前に相手の連絡先をメモしておく**と、あわてずに済むでしょう。

また、パソコンが復旧しない場合に備え、スマートフォンにビデオ会議ツールのアプリを入れておくと安心です。パソコンや通信環境の調子が悪いことがあらかじめわかっている場合は、冒頭で伝えておきましょう。

急なトラブルが発生することは企業側も想定済みです。その**トラブルへの対応力を見られる場面でもあるので、事前の準備は念入りに**行いましょう。

LESSON 42　参加する目的を明確にする

　ここでは、「何を目的にインターンシップに参加するのか」を明確にし、より多くの学びを得る方法を説明します。

知りたいことを書き出してみよう

　インターンシップは業界や企業に対する理解を深めると同時に、これまで気づかなかった自分の強みやスキルを発見できる機会でもあります。

　以下の3項目について、インターンシップを通して知りたいことや確認したいことを、右ページの「EXERCISE」でそれぞれ書き出してみましょう。目的を明確にすることで、より有益な知見や経験を得られます。

① 業界や企業について
　社員に話を聞いたり、現場で働いたりすることで、どんな情報を得たいのかを記入しましょう。「思っていたイメージと違う」などといったことがわかると、**業界や企業が自分に合っているかどうか**の判断にもつながります。

② 社会人としての働き方について
　実務に近い体験ができるインターンシップでは、**社会人がどのように会社で働いているか**、という仕事のイメージを具体的につかむことができます。社風や働いている社員の人柄など、知りたいことをまとめておきましょう。あらかじめ社員への質問を用意しておくとよいでしょう。

③ インターンシップを通して伸ばしていきたいこと
　インターンシップは、自分の適性を判断することにも役立ちます。「社会人としての振る舞いを身につけたい」「積極性を高めたい」など**就業体験を通して、どう成長したいか**をはっきりと意識しておくと、参加中にとるべき行動もより明確になります。

ココがポイント！
具体的な目的を持つことで、**より有益な知見や経験を得られる**

記入例にならい、インターンシップを通して知りたいこと、確認したいこと、伸ばしていきたいことを書き出してみましょう。

業界や企業について	【例】同業他社との違いを知る、「人のサポートをしたい」という就活の軸と企業が合っているかを確認する。
社会人としての働き方について	【例】社内の雰囲気を知る、社員の人柄が自分と合うかを確認する。
インターンシップを通して伸ばしていきたいこと	【例】社会人としての振る舞いを身につけたい、積極性を高めたい。

LESSON 43 インターンシップの準備チェックリスト

　LESSON34〜42を踏まえて、参加の前日までに確認したい「インターンシップの準備チェックリスト」を完成させましょう。

学生から社会人になるための準備を

　インターンシップに参加する前に、以下の説明にしたがって右ページの「EXERCISE」を実践しましょう。書いた内容を頭に入れておけば、現場でも社会人らしく振る舞うことができます。

① 身だしなみと持ち物
　スーツや靴といった身だしなみの確認に加えて持ち物など、**事前に用意が必要なものをリストアップ**しておきましょう。早めに準備しておくと直前にあわてることもなく安心です。

② ビジネスマナー
　LESSON35〜37で説明した振る舞いや言葉遣いなどのビジネスマナーから、あなたが特に気をつけたいと思っている点を記入します。

③ 参加する企業の情報
　LESSON38などで調べた企業の情報の要点をまとめておきましょう。企業情報にもとづいたテーマが、実際のワークとして出されることも多くあります。**訪問する部署や担当者名もメモ**しておきましょう。

④ インターンシップ中に質問や確認したいこと
　リサーチした企業や業界情報から、質問・確認しておきたいことをピックアップしておきましょう。

⑤ インターンシップの目的
　「どのようなことを知りたいのか」「どう成長したいのか」などを改めて書き出し、その企業のインターンシップに参加する**目的を明確に**しておきましょう。

しっかりと準備して、
自信を持ってインターンシップに参加しよう!

インターンシップに参加する企業ごとに、以下の項目をまとめておきましょう。

企業名	

身だしなみと持ち物	
ビジネスマナーで気をつけること	
参加する企業の情報（訪問する部署や担当者名）	
質問や確認したいこと	
インターンシップの目的	

※複数の企業に参加する場合はコピーして使ってください。

インターンシップの座談会での質問

Q インターンシップの座談会では現役の社員に質問できると聞きました。どんなことを聞いても大丈夫でしょうか？

A 社風や労働環境、待遇や福利厚生に関する質問はOKです。ただし、**個人的なことや答えられないこと**を質問するのはNGです。

インターンシップの最中に行われる座談会は、現場の社員とざっくばらんに話せるよい機会です。

インターンシップの座談会は、率直な質問が許される貴重な場ですが、「知りたいことならなんでも聞いていい」というわけではありません。

避けるべき質問が3種類あります。まず、「自分で調べればすぐにわかる質問」。ホームページに掲載されている情報を聞くのは時間の無駄です。次に、「相手の個人的な事情に関する質問」。座談会の場であることを忘れないようにしましょう。

そして最後は「現場の社員が答えられない質問」。即答できないような質問や立場上答えづらい質問をぶつけるのは失礼な印象を相手に与えます。

NG質問❶　自分で調べればすぐにわかる質問
- 御社の従業員数を教えてください！
- 海外でも事業を展開していますか？

NG質問❷　個人的なことに関する質問
- ○○大学（自分の大学）の出身者は何人くらいいますか？
- ○○さんの趣味はなんですか？

NG質問❸　現場の社員が答えられない質問
- 入社後にどんな部署に配属されるのでしょうか？
- 御社の採用選考で最も重視することはなんですか？

PART 4

インターンシップ実践！仕事の基本をおぼえよう

インターンシップでは、実際に業務に取り組んだり、
グループワーク（GW）を行ったりします。
インターンシップを有意義にするためにも、
仕事の基本やビジネスマナーをおぼえ、
GWへの対策も万全にしておきましょう。

LESSON 44 企業の評価ポイント

企業の担当者は、インターンシップに参加する学生のどこを見ているのでしょうか？ それを理解していれば、振る舞い方もおのずとわかるはずです。そこでLESSON44では、インターンシップにおける企業の評価ポイントを説明します。

評価ポイント 1 ｜ 多様な価値観を受け入れる「成長性」

企業が求めているのは、自社にマッチしていることはもちろん、まずは「成長性が高い」と感じられる人です。インターンシップ中、**自分の意見はしっかり持ちつつも、自分とはまったく違う発想や意見を批判せず受け入れられる。組織やチームの目的や利益のために自分の考えを柔軟に変えられる**。企業はそんな人を「成長性が高い」と考えます。

また、社員やメンバーからの指摘も素直に受け入れ、欠点をすぐに補強する能力や、「もうひと頑張り」するねばり強さも「成長性が高い」と見られます。

評価ポイント 2 ｜ 自分で考えて動ける「積極性」

「成長性が高い人」は「積極性が高い人」でもあります。インターンシップに参加しているメンバーとスムーズに打ち解ける、質問や意見を述べる場面で臆せずに手を挙げられる、**「仕事を教えてほしい」「できることはどんどんやってみたい」という姿勢**が見られると、「積極性が高い」と評価されます。

学生時代は、他の人を差し置いて積極的に動く人は「空気が読めない」「意識が高い」などと揶揄されたかもしれません。しかし、社会に出ると状況は変わります。企業の担当者は、自分が成長することに対してどん欲な人を求めているのです。

インターンシップ中は、自分にできることを探して、意欲的に行動してみましょう。

評価ポイント 3 | チームワークを優先する「協調性」

積極性が大切である一方で、ただ目立つためのワンマンプレーは評価されません。**有益な情報は周囲と共有する、チームに必要であればサポート役にも徹する、たとえ目立たなくてもチームの目的を考えて動く**。そんな「協調性」が会社のようなチームワークで動く組織では必要とされます。

自分の強みは何か、メンバーの弱みは何かを考え、お互いに特性を補いながらチームのパフォーマンスを最大限にするにはどうすればよいのか。そんな視点を持って行動できる力が社会人には求められているわけです。

> 大学のゼミやアルバイトで「成長性」「積極性」「チームワーク」を意識してみよう！

評価ポイント 4 | 建設的に会話できる「コミュニケーション力」

職場では年齢・性別・出身地など、背景が大きく異なるさまざまな人が集まり仕事を進めていきます。

学生時代のように自分と似た状況にいる人となら、言葉が足りなくても理解されたことが、社会人になるとそうはいかなくなるのです。

インターンシップ中は**丁寧に会話を交わし、意見が異なる相手とも折り合いをつけながら建設的に話を進めていく**必要があります。「論理的に説明する」「相手の話を傾聴する」「相手の意図を理解する」ことを意識してコミュニケーション力を発揮していきましょう。

評価ポイント 5 | 実際の行動で表す「業務への熱意」

熱意を表す方法はさまざまです。あらかじめインターンシップの内容を確認し準備を万全にしておく、わからないことはすぐに質問する、ちょっとした時間に社員に話しかけて学ぶ、教えられたことはすぐに行動に取り入れる、といった姿勢は熱意の表れです。

「このインターンシップで成長したい」「学びたい」「有意義な経験をしたい」という強い思いで動くことで「熱意」は自然に言葉や行動に表れるでしょう。

LESSON 45 仕事の基本① スケジュール管理

　LESSON45からは、社会人として身につけておくべき仕事の基本スキルを紹介します。まずはスケジュール管理から学びましょう。

 インターンシップ中も社会人として時間厳守

　LESSON35で説明したように、時間を守ることは社会人としてだけでなく、人としての基本です。「取引先との打ち合わせに遅刻をしてしまった」。それだけのことでも商談が破談になったり、取引が中止になったりと、組織に大きな損失を与えてしまうことがあります。
　インターンシップ中は、以下のような場面で「時間厳守」が求められます。
- オフィス内であっても集合場所には余裕を持って10分前に到着しておく
- 始業10分前には席に着く
- １日のタスクリストを作成し毎朝確認する
- 予想作業時間と実作業時間を記録し、正確な時間管理をする
- 休憩時間も５分前には戻って着席しておく
- 就業時間は不必要にオーバーしない
- 発言の際、与えられている時間が定められていたら時間内に発言を終える
- プレゼンテーションなどで時間が決められている場合は時間内にまとめる

 期日を守るためのスケジュール管理

　社会人になると、すべての業務に締め切りや期日が発生します。**仕事ができる人とは期日が守れる人であり、信頼される人です**。締め切りを守るためには、しっかりとスケジュール管理をしましょう。右ページの「EXERCISE」は、手帳のスケジュール欄でスケジュール管理をする練習です。ポイントは未来の予定だけでなく、実際の行動や結果も書くこと。こうすることで、次に同じような仕事をする際に、作業の内容や所要時間を予測することができます。

頼まれた仕事を期日前に提出できそうもなければ、早めに相談！

記入例にならい、インターンシップ中の仕事のスケジュールを書いてみましょう。黒色で未来の予定、青色で改善策と行動、赤色で結果を記します。インターンシップに参加していない場合は、アルバイトやプライベートの予定で練習しましょう。

〔記入例〕

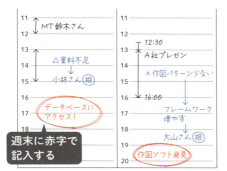

黒…スケジュール
青…改善策→行動
赤…結果

8	8	8
9	9	9
10	10	10
11	11	11
12	12	12
13	13	13
14	14	14
15	15	15
16	16	16
17	17	17
18	18	18
19	19	19
20	20	20

※自分の手帳のスケジュール欄を使ってもかまいません。

仕事の基本② あいさつとビジネス会話

インターンシップ中は、社会人として適切なあいさつや会話が求められます。自然に正しい言葉遣いができるように練習しておきましょう。

定番のあいさつと正しいビジネス会話をおぼえる

正しい言葉遣いは日頃から使い慣れていないと、不自然になったり、つい誤った言葉が出たりしてしまうもの。インターンシップに参加中はもちろん、参加する前から自分の言葉遣いを意識し、正しい表現をおぼえましょう。

右ページの「EXERCISE」は正しい言葉遣いを意識するための実践です。

● 定番のあいさつのフレーズ

シチュエーション	あいさつの言葉
出社時	おはようございます　※誰よりも先に大きな声で
外出時	行ってまいります
職場に戻ったとき	ただ今、戻りました
職場の人が外出するとき	行ってらっしゃい（ませ）
職場の人が戻ったとき	お帰りなさい（ませ）
お客様が来社されたとき	いらっしゃいませ
社内で他の社員とすれ違うとき	おつかれさまです
社内で応接室などに入室するとき	失礼します
お礼を言うとき	ありがとうございます（ました）
おわびをするとき	申し訳ございません（でした）
社員に質問をするとき	今お時間よろしいですか
帰宅時	お先に失礼いたします

● よくある間違ったビジネス会話と正しい表現

よくある間違ったビジネス会話	正しい表現
お世話様です	お世話になっております
ご苦労様です	おつかれさまです
了解しました	かしこまりました
よろしかったでしょうか	よろしいでしょうか
5分ほどお待ちいただく形になります	5分ほどお待ちいただいてよろしいでしょうか
なるほどですね	おっしゃる通りです
参考になりました	勉強になりました
お名前を頂戴できますか	お名前を伺ってもよろしいでしょうか

左ページの「よくある間違ったビジネス会話と正しい表現」の表を見ながら、下の手順にしたがって、正しい言葉遣いができるように普段から意識しておきましょう(この「EXERCISE」を定期的にくり返すとより効果的です)。

1 「よくある間違ったビジネス会話」のなかで、普段の生活(インターンシップやアルバイトの場、お店、映画・テレビドラマのセリフなど)で見聞きしたものがあれば、書き出してみましょう。

2 「よくある間違ったビジネス会話」のなかで、自分が口にしてしまった表現があれば、書き出してみましょう。

3 **1**と**2**で挙げた「よくある間違ったビジネス会話」を「正しい表現」に直して、実際に口に出してみましょう。

LESSON 47 仕事の基本③ 指示の受け方

　インターンシップ中は、社員から指示を受けて仕事に取り組みます。ここでは、適切な指示の受け方をマスターしておきましょう。

仕事の指示を受けるときの振る舞い

　社員から仕事の指示を受けるときは以下のように行動します。しっかりと頭に入れ、現場で適切に動けるようにしておきましょう。

① 社員から呼ばれたら「はい」と返事をし、すぐに担当者のもとへ行く
・作業の途中でもいったん手を止める（パソコンの書類などは保存する）
・メモと筆記用具は必ず持っていく

② 指示を出しやすい場所に立つ（斜め前〜正面など）
・「失礼いたします」「お待たせいたしました」などと声をかけて目線を合わせる

③ 指示を受ける
・相づちを打ちながら指示の内容をメモに取る
・質問は指示がひと通り終わってからまとめて行う
・指示の内容や締め切りは、復唱して必ず確認する

④ 自分の席に戻る
・「失礼いたします」と声をかけてから自席に戻る

メモの取り方で仕事の質が変わる

　指示を受けるときは、的確にメモを取りましょう。右ページの「EXERCISE」で練習しながら、メモの取り方を自分なりに工夫すると、**仕事のミスを予防したり、成果物の質が上がったりします。**

ココがポイント！
的確に指示を受け、それに応えて行動することで結果を出せる

114

記入例にならい、インターンシップ中に指示を受けたら、メモを取りましょう。インターンシップに参加していない場合は、アルバイト先でメモしたり、自分で架空の指示を考えたりして練習しましょう。

〔記入例〕

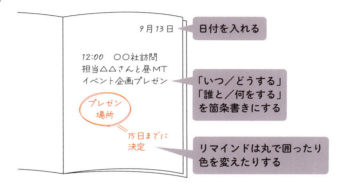

※自分の手帳のメモ欄を使ってもかまいません。

LESSON 48 仕事の基本④ 席次のマナーと名刺交換

　ここでは、社会人でも迷うことの多い席次のマナーと名刺交換の仕方を説明します。学生のうちからマスターしておくと、入社後にスムーズに振る舞うことができ、周りからの評価も上がります。

席次は上座・下座をおぼえよう

　会議室などでは、会社の役職に応じて座席の位置が決まっています。上役は「上座」に、地位が下がると「下座」に座ります。状況によっても変わるので、ここでは代表的なものを紹介します。

会議室

議長に近い席が上座。議長から見て、近いほうから右→左→右……と座っていく。議長から離れ、入り口に近いほうが下座に。

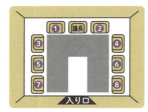

応接室

入り口から遠いほうが上座。来客者には長椅子（ソファ）に座ってもらう。

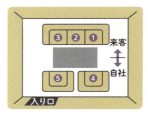

タクシー

運転席の後ろが上座。立場が上の人から乗車していき、支払いをする人は助手席に。

エレベーター

上座は左奥。立場が一番下の人が操作するので、操作盤が図と逆の位置なら❸と❹も逆に。

【図の見方】 ❶❷………❼❽
　　　　　　上座　　　下座

名刺交換は立場が下の人から

初対面の人とは名刺交換をします。「立場が下の人から先に渡す」という原則をおぼえておきましょう。ここでは基本的な1対1の交換の手順を説明します。

渡すとき
指で社名が隠れないように注意し、相手が読める向きにして名刺を差し出しながら、社名と名前を名乗ります。

受け取るとき
必ず両手で相手の名刺を受け取り「頂戴します」のひと言を加えます。

受け取ったあと
相手の名前が読めない漢字だった場合、その場で聞いてもOK。名刺はすぐにしまわず、テーブルの上に置いたままに。

複数の人と交換するときは？

右の図は発注側と受注側がそれぞれ二人ずついる場合の交換ルール。立場が下の受注側から先に渡しますが、図のように受注側の部下ではなく上司からスタートする点に注意します。

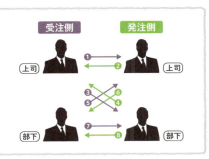

LESSON 49 グループワーク① 概要と基本的な流れ

インターンシップのプログラムとして「グループワーク（GW）」や「グループディスカッション」「企画プレゼンテーション（プレゼン）」が実施されるケースがあります。まずここではGWの概要について説明します。

グループワーク（GW）とは？

GWでは、**与えられた課題にチームで取り組み「アイデアを出す」「企画を出す」「意見を集約する」「成果物を作成する」といったワークを行います。**

企業では、毎日のようにミーティングを重ね、その結果をもとにチームで仕事を進めていくことが多いため、インターンシップ中のグループワークは社内会議のシミュレーションになっているわけです。

GWの進行を把握しておこう

GWは「進行のひな型」があり、多くが以下のように進行します。この型を事前に把握しておけば、どのようなGWでも的確に対応することができるでしょう。

● GWの基本的な流れ

1日目	2日目	3日目
● チームの編成	● 途中経過を報告	● 最終発表
● テーマの発表	● 社員からのアドバイスやフィードバック	● 担当者や部長・役員へのプレゼン
● 資料の配布	● 最終ゴールに向けて再検討や準備	● フィードバック
● 資料の読み込み		● 講評
● 役割決め		
● 目標設定		

ココがポイント！
プログラムの流れを事前に知っておくことで不安感を解消できる

GWは初日の振る舞いが成功のカギ

　GWの日程は一般的に３～５日間ですが、どの日数でも「初日」が最も重要です。初日にすべきことは「メンバーの役割を決める」「成果物の完成イメージを決める」「完成までのToDoを決める」の３つ。これらをスムーズに決めるために、以下のステップを踏んでいくとよいでしょう。

● GW初日の流れ

ステップ❶ 自己紹介	冒頭で簡単な自己紹介をし、まずは話し合いがしやすい状況を作る。できるだけメンバーと打ち解け、よい雰囲気でスタートする。
ステップ❷ アイデア出しと ゴール設定	課題や資料を共有したうえで、アイデアを出す。成果物として提出する資料のだいたいのページ数を決める。ページに入れる情報や、結論などの方向性も話し合う。
ステップ❸ 役割分担を決める	その場にいるメンバーとGWのテーマに応じて、ふさわしい役割分担を行う。リーダーは議論をまとめ、論点のずれを修正する役割。他にも資料作成係、データ分析係、市場調査係など、期日までに成果物が完成するよう、担当別に作業を進めていく。
ステップ❹ 時間配分と ToDoリスト作成	それぞれの作業にかかる時間を想定し、逆算して時間配分を行う。抜けがないようToDoリストを作り、リストをグループで共有してから作業に入る。途中で息切れする人や予定通りに進行できないメンバーをヘルプできるよう、進行状況はつねにグループで共有しながら進める。

 ## インターンシップ前に自分の役割を想定

　「GWで自分にはどんな役割が向いているか？」を事前に想定しておきましょう。「自分はリーダータイプが向いている」「アイデアを出すのが得意」「資料をまとめる役をやりたい」など、**自分の「得意」を生かした役割を担えば、GWの進行がスムーズになり、より質の高いアウトプット（成果物）につながります。**

GWでは「チームがベストなアウトプットを出すにはどうすればいいか」をつねに意識して行動することが大切だよ

LESSON 50 グループワーク② 成功のポイント

　グループワーク（GW）の基本的な流れをつかんだら、ここでは、良質な成果物を出すためのポイントを学びましょう。

GWでは建設的な思考が求められる

　GWの目的は、メンバーのさまざまな意見を集約し、よいアウトプット（成果物）を作り上げていくこと。そのためには「建設的思考」を持つことが大切です。
　建設的思考とは**「ある物事や意見に対しそのよさを維持したまま、さらによいものに変えていこうとする思考力」**です。
　たとえば、メンバーの意見や作業の仕方が自分の考えとは異なっていたとしても、「ここはこうするともっとよくなるのでは？」「AとBを組み合わせるともっとおもしろいのでは？」と提案するのが建設的思考です。
　社会人として働くようになると、そんな建設的思考が求められるわけです。

建設的な思考をもとに行動する

　建設的な思考をさらに深めて、具体的に行動で表しましょう。たとえば、以下のように振る舞うと、GWの成功につながります。

● GWの成功につながる行動（例）

- 自分の得意を生かせる役割を担う
- "闘論"や論破をせず、前向きにアイデアを煮詰めていく
- 時間配分とToDoを意識し、軌道修正を加えながら進める
- 主観ではなく客観的な意見を述べたり、数字・データで説明したりする
- メンバーに対する礼儀や、自分と異なる意見を否定しない心を忘れない

　右ページの「EXERCISE」は、GWの作業に夢中になるあまり、「建設的思考・行動」を忘れないようにするためのものです。インターンシップの前や、GWの最中にも取り組んでみるとよいでしょう。

GWの成功につなげるために、インターンシップの前または最中に下の設問に答え、「建設的思考・行動」を意識するようにしましょう。

1 GWの前に、自分が担うべきと考える「役割」を書いておきましょう（3つくらいを想定）。

- ＿＿＿＿＿＿＿＿＿＿＿＿＿＿＿＿＿＿＿＿＿＿＿＿＿＿＿＿＿＿
- ＿＿＿＿＿＿＿＿＿＿＿＿＿＿＿＿＿＿＿＿＿＿＿＿＿＿＿＿＿＿
- ＿＿＿＿＿＿＿＿＿＿＿＿＿＿＿＿＿＿＿＿＿＿＿＿＿＿＿＿＿＿

2 GWのメンバーのよいところを見つけましょう。

名前	よいところ
名前	よいところ
名前	よいところ
名前	よいところ
名前	よいところ
名前	よいところ

3 GWで「自分が得たいこと」を書きましょう。

【例】自分とは異なる意見を持つ人と協力してワークに取り組む体験

PART 4　インターンシップ実践！仕事の基本をおぼえよう

LESSON 51 グループディスカッション① 概要と役割分担

LESSON51からは、インターンシップ中に行われることの多いグループディスカッション（GD）について解説していきます。

グループディスカッション（GD）とは？

GDは、与えられたテーマについて数名のグループで議論し、決められた時間内にグループとしての結論を導き出す取り組みです。LESSON49で紹介したグループワークと同様に、GDも社内会議のシミュレーションといえます。

ただし、業務に関係ある事柄を話し合うのではなく、たとえば「小学校の授業にiPadを導入すべき？」「AIによって生活はどう変わる？」など、日常的な話題や時事がテーマとして取り上げられるケースが一般的です。

GDの大まかな流れは以下の通り。企業によっても形式が異なるので、事前に案内を確認しておきましょう。

● GDの基本的な流れ

❶ 役割の決定	自己紹介をしたり、それぞれの役割を決めたりする
❷ テーマの提示	企業からテーマが提示される（当日その場で知らされるのが一般的）
❸ 時間配分の決定	大まかな時間配分を決める
❹ 議論の開始	進行役が指名しながら順に発言する
❺ 結論	チームとしての結論を出し、発表の内容をまとめる
❻ 資料作成	発表資料を作成する
❼ 発表	グループを代表し、一人〜二人で結論を発表する
❽ 評価	企業側からGDの総評や解答例などが紹介される

GDの流れをおさえておけば、本番でもとまどわない！

GDの一般的な5つの役割

　GDでは、5つの役割をチーム内で相談して分担します。「司会」「書記」「タイムキーパー」「監視者」は各1名。「アイデアマン」の人数は、参加者の数に応じて調整します。また、グループの結論を発表する「発表者」の役割を追加する場合もあります。

　当日、どの役割を担当することになっても対応できるように、以下の内容をしっかり確認しておきましょう。

司会（ファシリテーター）
　司会役は進行を担当します。メンバーの意見を引き出す重要な役割で、議論を正しい方向へ導くリーダーシップも求められます。責任をともなう大切な役割です。

書記
　議論の内容をまとめて意見や結論などを記録します。議論が滞った場合は司会をアシストすることもあります。

タイムキーパー
　議論全体の時間管理を行います。残り時間を通知するだけではなく、時には議論の進行と経過時間を見比べ、注意を促すこともあります。

監視者
　論点がずれないように議論の進行を見守ります。全員の発言を聞きながら議論の流れをチェックし、必要があれば軌道修正を提案します。

アイデアマン
　議論を活性化するために、さまざまなアイデアを提案します。論理的な意見を簡潔にまとめる能力が必要です。

● GDでシェアする5つの役割

何度か練習して、自分の得意な役割を見つけておこう！

PART 4 インターンシップ実践！仕事の基本をおぼえよう

LESSON 52 グループディスカッション② 成功のポイント

　グループディスカッションでは「自分の意見をどのように主張するか」が重要です。ここでは、成功につながる発言の仕方を説明します。

「意見＋根拠」のセットで話す

　自分の意見を主張する際は「私は○○だと思います」だけでは不十分です。必ず**「その理由は〜だからです」「その背景は〜だからです」と、「意見＋根拠」をセットにして話しましょう**。

　議論は個人の意見の部分ではなく、根拠の部分から広がっていくものです。根拠が示されると、そこに誰かが補足をする発言をし、さらに別の根拠が出てきて、議論が深まっていきます。

　根拠として、あなたの実体験（具体的なエピソード）を挙げると説得力が高いものになります。また、大学の授業で得た知識や、論文や文献などを根拠にするのもよいでしょう。

　新聞や書籍など信頼できるメディアから得た情報も根拠として活用できます。ただし、メディアの情報を鵜呑みにするだけでは「浅い」と判断されてしまうことも。メディアを根拠にするために、多角的な視点からその情報が一次情報なのか二次情報なのか、日頃から情報収集の感度を上げておきましょう。

　右ページの「EXERCISE」では、「意見＋根拠」を話すための練習をします。自分で別のテーマを考えて実践するのもよいでしょう。

「日本を活性化させるために祝日を1日増やすとしたら、どんな祝日をつくるのがいいか？」というテーマが出題されたと仮定し、記入例にならい、意見＋根拠を書いてみましょう。

〔記入例〕

① 意見＋根拠（体験・エピソード）

> 私は「読書の日」があってもいいと思います。私は読書会を主催しているのですが、なかなか予定が合わず、参加者の集まりが悪いことが多くあります。「読書の日」なら読書会のために仕事や勉強を休めるのではないでしょうか。

② 意見＋根拠（学問の知識）

> 私は「平和の日」がいいと思います。「国民の祝日に関する法律」では、「自由と平和を求めてやまない日本国民は〜」とされているからです。

③ 意見＋根拠（メディアの情報）

> 私は6月に「雨の日」をつくるのがいいと思います。〇〇というサイトで「どんな国民の祝日が欲しいですか？」との質問に「6月に祝日がない」ことを問題にする人が多くいました。

① 意見＋根拠（体験・エピソード）

② 意見＋根拠（学問の知識）

③ 意見＋根拠（メディアの情報）

LESSON 53 グループディスカッション③ キーフレーズ

　グループディスカッションでは、とっさに正しい言い回しが出てこない場合もあります。ここで紹介するキーフレーズを活用して、スムーズに議論を進められるようになりましょう。

【発言を切り出すときのフレーズ】
○ 私からも、よろしいでしょうか？
× 話してもいいですか？

　発言の許可を得る必要はありませんが「私からも〜」と**前置きしたほうが丁寧です**。「話してもいいですか？」はカジュアルな言い回しなので不適切です。

【反対意見を述べるときのフレーズ】
○ おっしゃることはよくわかりますが ＋ 反論
× それは違うと思うんですよね ＋ 反論

　相手が同年代でもきちんと敬語を使って相手を尊重します。「それは違うと〜」は、感情的な言い回しなので、よくありません。

【意見を促すときの言い回し】
○ 他に意見はありますか？
　たとえば、○○はどうでしょうか？
× もっとアイデアを出してください！

　意見を求めるときは、具体的に「○○はどうでしょうか？」と**方向性を示しながら聞きます**。たとえ、その方向性に同意してもらえなくても、議論が停滞することを防げます。「もっとアイデアを〜」は相手が意見を強制されているように感じるので、場の雰囲気が悪くなります。

ココがポイント！
議論が白熱しても、**きちんと敬語を使って相手を尊重する**

【時間が足りなくなることを警告する言い回し】
○ 残り時間が少なくなってきたので、そろそろまとめませんか？
× 時間がありません。なんでもいいからまとめましょう。

「なんでもいいから」は失礼な言い回しです。あせる気持ちをおさえて、**「残り時間が少なくなってきたので〜」**と言って注意を促します。

【意見をまとめるときのフレーズ】
○ これまで○○という意見が出ました。
　一方で、××という意見もありました。
　全体的には○○のほうが優勢だったと思いますが、
　いかがですか？
× まとまらないので、私が決めてもいいですか？

これまでの意見を整理してから、**「いかがですか？」**と丁寧に賛同を求めます。時間が足りなくなると急いで結論を出したくなりますが、「私が決めてもいいですか？」はNGです。

【話が広がりすぎていることを注意する言い回し】
○ 議論の内容が広がってきてしまったので、
　○○の話からまとめませんか？
× 勝手に話さないでください。

「○○の話から〜」と**方向性をきちんと提示します**。「勝手に〜」では高圧的な印象を与え、相手を萎縮させてしまいかねません。

【発表するときの最初のフレーズ】
○ それでは、ご説明申し上げます。
○ 結論から申し上げます。

「それでは〜」と落ち着いた態度で言います。インパクトのある結論を強調したいときは「結論から〜」と切り出します。

LESSON 54 グループディスカッション④ 失敗を防ぐ

　ディスカッションに自信がある人ほど、本番で思わぬ失敗をしてしまいがちです。ここでは、【個人】と【グループ】に分けて、具体的な失敗例を紹介します。よく読んで、上手に失敗を回避してください。

【個人の失敗】自分本位な対応をしてしまう

　自己主張が強く、場の雰囲気を考えずにチーム全体に迷惑をかける人のことを「**クラッシャー**」といいます。自分がクラッシャーにならないためにも、以下の4つの失敗例を参考にしましょう。

① 自分の意見を気が済むまで延々と話す

　時間がかぎられているため、全員のアイデアをすべて披露する時間はありません。思いついたときに反射的に手を挙げて話すのではなく、**自分で取捨選択してから**話すようにしましょう。自分の意見にこだわらず、「みんなの意見をまとめること」を意識してください。

② 否定的な発言に終始してしまう

　他人の意見の矛盾を突いたり、無理やり反対意見を言ったりする人がいると、話が前に進みません。本人は真剣に対応しているつもりでも、度が過ぎると「**協調性がない**」と判断されてしまいます。誰かの揚げ足を取るような発言をしないように注意しましょう。

③ 自分の意見を押しつける

　これも協調性がない人の例。自分の意見に最後までこだわり、妥協しない人は嫌われます。自信があるのは悪いことではありませんが、相手に**妥協を強要するような言い方**はやめましょう。

④ 一度も発言しない

「クラッシャー」ではありませんが、一度も発言しないまま終えてしまうのも考えもの。企業の担当者も「**消極的**」と判断するしかありません。

ココがポイント！
何度も練習を重ね**自分がクラッシャーになっていないか確認**

【グループの失敗】チーム一丸となってゴールできなかった

個人が気をつけているだけでは回避できないケースも多々ありますが、次のような危険を察知したら、すばやく行動して最悪の事態を回避しましょう。あなたが司会や監視者ではなくても、**リーダーシップを発揮してください**。

1 時間内に意見をまとめることができなかった

制限時間内に結論までたどり着くことは、グループディスカッションで最も大切なことです。かぎられた時間でよい結論を出すためには、はじめに大まかでもいいので**タイムスケジュールを組んでおく**ことをおすすめします。

タイムキーパーに任せきりにせず、「議論は○分」「まとめは○分」とあらかじめ決めておき、グループ内で共有しておきます。

2 場の雰囲気が悪くなってしまった

グループディスカッションは他のメンバーとバトルをする場ではありません。自分の意見を通すために他の人の意見を否定したり、自分の意見が却下されたときに不機嫌になったりする人がいると、場の雰囲気がどんどん悪くなります。

そんなときは、リセットをかけるようにするのが有効。**「一度リセットしませんか」**と提案してみましょう。

3 特定のメンバーだけで議論が完結してしまう

たとえば、6人でグループを組む場合、そのうちの3人だけで討論しているような状態が長く続くのは問題があります。役割に関係なく、全員でディスカッションすることが大切です。

そんなときは、**司会が率先して声をかけ**、議論に参加してくれない人に発言を促しましょう。

全体の進行を管理するのは、司会や監視者の役割だけれど、他の人も協力する意識を持とう。
企業側が「連帯責任」と判断する場合もあるよ

LESSON 55 プレゼンテーションの仕方

インターンシップではプレゼンテーション（プレゼン）の課題も多く出されます。ここでは、プレゼンの方法について説明します。「EXERCISE」では、スライド作りにもチャレンジしてみましょう。

なぜプレゼンが重要なのか？

グループワークやグループディスカッションでは、グループの結論についてプレゼンする場面が用意されます。プレゼンも社会人の必須のスキルだからです。

プレゼンでは「コミュニケーション能力」「提案力」「話す力」を問われます。これらの能力が発揮されると、**聞き手は提案に納得し、行動を起こしたくなります**。つまり、企業に利益をもたらすことにつながるわけです。

スライドは1枚にひとつの要素

プレゼンでは、聞き手にスライド（資料）を見せながら進行するのが一般的です。わかりやすいスライドを作ることも社会人として必要な能力といえます。

スライドを作る場合は、**「1枚のスライドにひとつの要素」**が原則です。それらを以下の流れで展開させると、説得力のあるプレゼンになります。

タイトル（テーマ） ▶ 結論 ▶ 課題 ▶ 解決策 ▶ エビデンス（根拠） ▶ 結論提案

発表は台本をそのまま読み上げない

スライドとは別に台本を用意し、事前に発表の練習をしましょう。本番で緊張せず、時間を超過してしまうことも防ぎます。台本はそのまま読み上げず、**ときどき聞き手を見て話す**と、プレゼンの内容を理解してもらいやすくなります。

PowerPointなど、スライド作成に不可欠なソフトを使えるようにしておこう！

下の手順にしたがって、ソフトを使ってプレゼン用のスライドを作り、完成度をチェックしてみましょう。

1. 実際にプレゼン用のスライドを作ってみましょう。自分でテーマを設定し、考えをまとめてスライドにします。先輩や友人にテーマを考えてもらってもいいでしょう。

2. 作成したスライドを以下の観点から確認し、チェックマークを入れましょう。必要に応じて修正し、今後のためにメモも残しておきましょう。

❶ 1枚にひとつの要素がまとまっているか？
OK　要修正　修正済　メモ
□　　□　　□

❷ 構成はロジカルなものになっているか？
OK　要修正　修正済　メモ
□　　□　　□

❸ できるだけシンプルな表現になっているか？
OK　要修正　修正済　メモ
□　　□　　□

❹ 文字のサイズは適切か？
OK　要修正　修正済　メモ
□　　□　　□

❺ 色を使いすぎていないか（3色までにおさえているか）？
OK　要修正　修正済　メモ
□　　□　　□

❻ グラフや写真、イラストを使い、わかりやすい工夫をしているか？
OK　要修正　修正済　メモ
□　　□　　□

LESSON 56 ビジネスメールを使いこなす〔基本編〕

インターンシップの参加前後には、企業への問い合わせなどメールを送る機会も多くなります。ここでは、さまざまなシーンで使えるビジネスメールの基本をおさえます。

ビジネスメールの基本ルールをおぼえよう

「企業への問い合わせメール」を例に、ビジネスメールを構成する「宛先」「件名」「本文」「署名」という4つの要素について、基本的なルールを説明します。

例　企業への問い合わせメール

宛先＜xxxx@xxx.xx＞

件名：**インターンシップ説明会に関する質問**
　　　（〇〇大学　就活太郎）

株式会社××物産
人事部　御中

突然のご連絡失礼いたします。
〇〇大学の就活太郎と申します。

現在、私は就職活動中です。
つきましては、貴社のインターンシップ説明会について質問をさせていただきます。

以下の2点についてご教示ください。
・パソコンを持参してもかまいませんか。
・終了予定は何時でしょうか。

お忙しいところ恐縮ですが、
お返事をいただけますでしょうか。
何卒よろしくお願い申し上げます。

就活太郎
〇〇大学　□□学部　△△学科
〒000-0000　〇〇〇〇〇〇〇〇
電話番号：000-0000-0000
E-mail：xxx@xxx

宛先：打ち間違えないように注意する。ホームページなどに記載がある場合は、**コピー&ペースト**すると安心

件名：用件を**端的にわかりやすく**書くことが大切。大学名と氏名も記載する

本文：冒頭には会社名、部署名、担当者名を正確に入れる。問い合わせなどではじめてメールを送る場合には**「突然のご連絡失礼いたします」**といった非礼に対するおわびを伝えてから、本題に入るようにする。はじめに、メールの**用件を簡潔に説明**することもポイント。質問が2つ以上ある場合には、**箇条書き**にするとよい。相手の手間に対して**「恐縮ですが」**などの言葉をはさんでお願いする

署名：氏名、大学・学部名、住所、電話番号、メールアドレスを記入する。事前にメーラーに登録しておくと手間が省けて便利

ビジネスメールのお悩みポイントを解決！

ここでは、ビジネスメールでよくある疑問に答えます。

Q1 件名には何を書けばいい？
A1 用件を簡潔に！
プライベートのメールでは「無題」でも問題ないかもしれませんが、**ビジネスメールに件名は必須**です。担当者は毎日多くのメールを受け取っています。見逃されてしまわないよう、用件を手短に伝える件名を入れるようにしましょう。

Q2 担当者の名前がわからないときは？
A2 部署名＋御中で！
担当者の名前がわからない場合は、部署名のあとに「御中」をつけましょう。担当者が複数いる場合は連名で、それぞれフルネームに「様」をつけます。

Q3 書き出しはどうすればいい？
A3 あいさつを入れてから名乗りを
それまでにやり取りをしている場合は「お世話になっております」から始めましょう。あいさつのあとに大学名と氏名を名乗り、用件を伝えます。

Q4 本文を読みやすくするには？
A4 適度に改行しよう
一文が長いと読みにくいだけでなく、意図が正確に伝わらない可能性があります。適度に改行を入れて読みやすくしましょう。また、**誤字・脱字があると「ミスの多い人」「丁寧な対応が苦手な人」という印象を与えてしまう**ため、メールを送信する前に読み直して、誤字・脱字、不自然な言い回しがないかなど再度確認しましょう。

Q5 より丁寧な印象を与えるには？
A5 クッション言葉を活用しよう
相手の手間に対して「恐れ入りますが」「お手数ですが」など、クッション言葉をはさむと丁寧な印象に。**お礼の言葉も添える**ようにしましょう。

Q6 返信のタイミングは？
A6 メールを見たらすぐ！
すばやい返信に対して悪い印象を持つ担当者はいません。**返信までに時間が空いてしまうと、情報管理に関してルーズな人と思われてしまう**可能性も。「メールを見たらすぐに返信する」意識を持ち、即日対応を心がけましょう。

基本ルールをおぼえてしまえば、いろいろなメールが書けるよ！

LESSON 57 ビジネスメールを使いこなす【応用編】

ここでは、表現に工夫が必要な日程調整のお願いやインターンシップ参加後のお礼メールについて、実際の文例を紹介していきます。LESSON56の基本的なルールやマナーの説明を念頭に置いて対応しましょう。

日程調整などのお願いはソフトな表現で

事前訪問や打ち合わせなどで日程調整をお願いする場合には、お互いに誤解がないよう先方に自分の希望をはっきりと伝える必要があります。

例　打ち合わせの日程調整に対する返事

件名：Re：事前打ち合わせの御案内　← 連絡事項などのメールに返信する場合、件名を変更せず、そのまま返す

株式会社××物産
人事部　△△様

お世話になります。
○○大学の就活太郎と申します。

インターンシップの参加にあたり、
事前打ち合わせの日程についてご連絡をいただき、誠にありがとうございます。　← まずは、連絡をもらったことに対して**お礼**を述べる。その後の本文は簡潔に
ご提示いただきました日程のうち、
下記の時間帯を希望いたします。

日時：○月○日（月）15:00～16:00
場所：貴社101会議室　← 希望の日時と場所をわかりやすく箇条書きに。改めて**確認**を促す

ご確認いただけると幸いです。　← 確認したあと返信をもらえるように**やんわり**と**催促**する。「よろしければ、こちらの日程でお伺いします」などと言い換えてもOK

お忙しいなか、ご調整いただきありがとうございます。　← 最後にもう一度、日程調整のお礼を述べてから締める
お手数ですが、よろしくお願い申し上げます。

就活太郎
○○大学　□□学部　△△学科
〒000-0000　○○○○○○○○
電話番号：000-0000-0000
E-mail：xxx@xxx

インターンシップ後のお礼メールは具体的に！

参加後のお礼をメールで伝える場合には<mark>「何が学びになったか（参加の成果）」</mark>を具体的に書きましょう。熱意が伝わるよう丁寧に文面を作ることが大切です。

例　インターンシップ参加後のお礼メール

件名：**インターンシップ参加のお礼（〇〇大学 就活太郎）**

株式会社××物産
営業部　△△様

お世話になっております。
貴社のインターンシップに参加いたしました
〇〇大学の就活太郎です。

この度はお忙しいなか、ご指導くださり
誠にありがとうございました。

今回、インターンシップに参加させていただき
グループワークや実際の業務に近い体験をしたことで、
今まで以上に□□業界への理解が深まり、
また、××という新たな発見もありました。
特に、△△様から伺った仕事に対する心がまえは
大変勉強になりました。心より感謝申し上げます。
今後も貴社について勉強を重ね、
より理解を深めて選考にのぞみたいと考えております。

最後に重ねてお礼を申し上げます。
今後ともよろしくお願いいたします。

就活太郎
〇〇大学　□□学部　△△学科
〒000-0000　〇〇〇〇〇〇〇〇
電話番号：000-0000-0000
E-mail：xxx@xxx

- ひと目でお礼メールだとわかるような件名に
- はじめに参加させてもらった**お礼**を述べる
- **参加した成果を具体的に**。以下の項目から複数を選択して簡潔にまとめるとよい
  ① 理解が深まった点
  ② 認識を改め、視点が変化したポイント
  ③ 期待感や就職への意欲が高まった理由
  ④ 将来の展望が開けた理由
  ⑤ 社員の言動から学んだこと
- 最後にもう一度、お礼を述べて結ぶ

お礼メールを送るタイミングは？

インターンシップの<u>終了当日が理想</u>ですが、業務時間外の受信を気にする人もいるため、遅い時間になったら翌日に送付するとよいでしょう。すみやかに送ることで感謝の気持ちがより伝わりやすくなります。

LESSON 58　電話の基本マナー【電話をかける】

　インターンシップの件で企業から電話がかかってくることはめずらしくありません。問い合わせのために自分で電話をかけることもあるでしょう。ここでは、こちらから電話をかける場合を想定して、注意事項を説明します。

電話をかけるときの3つのポイント

　携帯電話を使って企業に問い合わせをするときは、次の3つのポイントに留意します。

1　静かな場所を選んで話す

　駅のホームや繁華街など周囲の音が気になる場所で電話をかけると、お互いにうまく声が聞き取れません。聞き間違いにより、大きなミスが発生する可能性もあるので、十分に注意しましょう。

　もし、話の途中で聞き取りにくいことに気づいた場合は、**「すみません。周囲が騒がしいので○分後にかけ直します」**と伝えて一度電話を切り、静かな場所に移動してからかけ直します。

2　聞き取りやすい声でゆっくり話す

　電話で話すときは、いつもより少し大きめの声で、一語一語はっきりと伝えることを心がけます。**話すスピードは少しだけ遅めに。**早口で話すと「落ち着きがない人」「せっかちな人」など、悪い印象を与えてしまうこともあるので、意識してゆっくり話すようにしましょう。

3　時間帯に配慮して許可を得る

　業務時間外はもちろん、始業直後、昼休憩、終業直前、月曜日（休み明け）の午前中などは避けたほうが無難です。

　担当者が電話口に出たときは、すぐ自分の用件を切り出さず、「○○大学の○○ですが、**今お話をしてもよろしいでしょうか？**」と、相手に許可を求めるようにします。

> 相手に時間を取らせないよう、メールでもかまわない場合は電話を使わないほうがベター

日程の再調整を電話でお願いする

　身内の不幸や体調不良、事故など、不測の事態で急にアポイントの変更をお願いするときは、担当者に直接電話をかけて率直に事情を説明します。ただし、**相応の理由がなければ失礼に当たるので**、その点は注意しましょう。

　また、電話のあとに再調整してくれたことに対するお礼のメールを送ることも忘れないようにしましょう。

受付　お電話ありがとうございます。□□株式会社でございます。

自分　お忙しいところ失礼いたします。
　　　　私（わたくし）、御社のインターンシップに応募しております〇〇大学の〇〇と申します。
　　　　人事部の△△様はいらっしゃいますか。

受付　お待ちください。【電話を保留】

担当者　お電話代わりました、△△です。

自分　お忙しいところ失礼いたします。
　　　　〇〇大学の〇〇と申します。
　　　　ただ今、お時間よろしいでしょうか。 ← すぐに用件を伝えず、**相手に許可**を求める

担当者　はい、大丈夫です。

自分　ありがとうございます。
　　　　先日お約束をいただいた〇月〇日午後〇時の面接の件です。
　　　　昨晩、祖母が亡くなったため、伺うことが難しくなりました。 ← **理由を説明**して、おわびする
　　　　大変申し訳ございませんが、
　　　　面接の日程を調整していただくことは可能でしょうか。

担当者　わかりました、少々お待ちください。【電話を保留】
　　　　では、〇月〇日の午後〇時はいかがでしょうか。

自分　ありがとうございます。
　　　　〇月〇日の午後〇時ですね。 ← 日付と時間は必ず**復唱**して確認する
　　　　それでは、〇月〇日午後〇時に伺います。

担当者　わかりました。では、お待ちしております。

自分　本日は勝手を申し上げ、申し訳ございませんでした。
　　　　失礼いたします。

電話の基本マナー［電話を受ける］

　ここでは、実際に企業から電話がかかってきたときのポイントを、例を交えながら紹介していきます。企業から突然電話が入ることもあるので、就活中は、できるだけメモ帳やスケジュール帳を携帯するようにしましょう。

 電話を受けるときの3つのポイント

　企業からの電話を受けるときには、次の3つのポイントに留意します。

① 電話に出られなかったときは折り返す

　どうしても手が離せず、企業からの電話に出られなかったとき、すぐにかけ直せるのであれば、その場で折り返します。**「先ほどは電話に出られず、失礼いたしました」**とおわびの言葉を添えることも忘れずに。すぐにかけ直せない場合は、メールなどで後ほど折り返す旨を伝えておきます。

② 折り返しで相手が不在だったときは伝言を残す

　折り返したとき、相手が電話に出られなかったり不在だったりした場合は、取り次いでくれた人に以下のような伝言を残します。

> 〇〇大学の〇〇と申します。
> △△様より着信がありましたので折り返しご連絡いたしました。
> 改めてご連絡いたしますので、
> 電話があったことをお伝えくださいますでしょうか。

③ 言葉が聞き取れなかったときはやわらかい表現で返す

　「えっ？」「聞こえませんが？」などと、直接的な表現でクレームをつけるのはNG。「音声が遠いようです」「聞き取れませんでした」**「恐れ入りますが、もう一度お願いします」**など、やわらかい表現で聞き返します。

　受信状況が悪い場合は、「申し訳ありません。音声が聞き取りにくいので、もう一度こちらからかけ直します」と言葉を添えて、電話を切ります。

ココがポイント！
うまく聞き取れない場合は**一度切ってかけ直す**

二次面接の連絡を電話で受ける

　電話を受けるときは「はい、○○です」と名前を告げます。二次面接の日程など、大切な情報を電話で決めるときは、復唱を忘れないようにして、その場でメモを取ります。最後に「ご連絡いただきありがとうございました」とお礼の言葉を添えて電話を切ります。

　電話を切ったあと、その日のうちにメールを出して確認することも忘れないようにしましょう。

　お礼の言葉を添え、二次面接の日時をメールで再確認しておけば安心です。

自分　**はい、○○です。** ← **自分の名前**をゆっくり、はっきり伝える

担当者　□□株式会社、人事部の△△と申します。
　　　　　○○さんのお電話で間違いないでしょうか。

自分　はい、○○です。
　　　　お世話になっております。

担当者　一次面接の結果の件でご連絡いたしました。
　　　　　お時間よろしいでしょうか。

自分　ありがとうございます、どうぞお話しください。

担当者　選考の結果、二次面接にお越しいただくことになりました。

自分　ありがとうございます。

担当者　つきましては日程を調整したいのですが、
　　　　　○月○日、午後○時のご都合はいかがでしょうか。

自分　**○月○日の午後○時ですね。** ← 日付と時間は必ず**復唱**して確認する
　　　　承知いたしました。

担当者　それでは、○月○日の午後○時に、
　　　　　ご来社いただけますでしょうか。

自分　かしこまりました。
　　　　○月○日、午後○時に、御社に伺います。
　　　　よろしくお願いいたします。

担当者　それでは、失礼いたします。

自分　**ご連絡いただきありがとうございました。** ← **感謝の言葉**を述べてから電話を切る
　　　　失礼いたします。

インターン生のギモン　インターンシップ中のトラブル

Q インターンシップ中に、期日に遅れたり、**ミスしたりした場合**は、どう対応したらいいでしょう？

A どんなに優秀な人でもミスや失敗をします。まずは**社員に相談**し、決して自分一人で解決しようとしないこと。

　インターンシップ中に起こり得るトラブルのなかで、特に学生が気になるものとして以下が挙げられます。それぞれ対応法の要点を説明します。

インターンシップ中のよくあるトラブル
1. 仕事でミスや失敗をしてしまう
2. 長期インターンシップを途中でやめたくなる

1　ミスや失敗は社員にすみやかに報告

　ミスや失敗はまず未然に防ぐことが大切。**期日に遅れそうなら早めに社員に相談しましょう**。すでにミスや失敗をしてしまった場合も、すぐに社員に報告します。解決策を一緒に考えてくれるはずです。これらは、社会人になってからも守るべき振る舞いです。やってはいけないのは、自分一人で解決しようとしたり、失敗を隠したりすること。事態が余計に悪化するだけです。

2　長期インターンシップをやめる前に相談

　長期のインターンシップでは、仕事が辛くなったり、社風が自分に合わなかったりすることも考えられます。その場合、途中でやめるのもひとつの選択です。

　ただ、やめる前に自分の気持ちにいったん向き合うことも大切です。一時的な感情で決めてしまうと、せっかくのチャンスを逃したり、場合によっては後の選考に影響したりしてしまう恐れもあります。

　まずは担当の社員に自分の気持ちや状況を素直に相談してみましょう。仕事の内容を変えるなど、解決策を講じてくれるかもしれません。やめる決断は、その後でも遅くはありません。

PART 5

インターンシップを振り返り内定につなげよう

インターンシップを通じて得た知識やスキルは
振り返りを行うことで成長につながります。
参加後の学生生活を充実させ、
さらに内定につなげるためにも
ぜひこの PART の内容を実践してください。

LESSON 60 インターンシップを振り返る

　ここでは、インターンシップで経験した内容を今後の就職活動に生かす取り組みについて説明します。

振り返りの重要性

　インターンシップは、今後の就活に役立つだけでなく自分を成長させてくれる絶好の機会です。振り返りを行うことで、自己分析や業界研究など本選考に向けて**自分に不足している部分が見えてきます**。インターンシップ参加後には現場で得られた貴重な情報や感じたことをまとめておきましょう。

参加企業ごとに経験をまとめよう

　参加した企業ごとに、右ページの「EXERCISE」を実践し、インターンシップで経験したことを記録しておきましょう。インターンシップ参加前にイメージしていたことを一緒に書き出し、**参加前後で比べる**と理解がより深まり、本選考の自己PRや志望動機を作成する際にも役立ちます。

■ 仕事・業務について

　まずは、参加した目的とワークの内容を記載します。参加前にイメージしていた仕事内容との違いがあれば、一緒に書き出しておきましょう。

■ 企業について

　企業研究や業界研究でリサーチした内容と、インターンシップ期間中に新たに得た情報を記入します。社風などの企業文化や社員の雰囲気、魅力を感じた点や懸念点などもあわせて書き出しておくと今後の就活に役立ちます。

■ 自分の経験について

　インターンシップで得られた学びやスキルを書き出します。弱みだと感じた部分については、今後の課題として改善点も考えてみましょう。

ココがポイント！
参加だけで終わらせず、「振り返り」で成果を最大限に

EXERCISE

記入例にならい、インターンシップを振り返り、情報を整理してみましょう。

企業名		日程	

参加した目的・ワークの内容	【例】商社に勤務する社員の3日間を疑似体験し、商社での業務内容をつかむ。
企業文化・社風	【例】能力や実績を重視。メンター制度がある。
インターンシップで得られた学び・スキル	【例】社会人としてのマナーや言葉遣い
感じたこと	【例】思っていた以上に外回りが多く、体力面が不安。
今後の課題	【例】打ち合わせの際に緊張してしまったので、目上の方と接する機会を増やす。

複数の企業のインターンシップに参加する場合は、このページをコピーして使おう

143

LESSON 61 社員からのフィードバックをまとめる

取り組んだワークや業務について、社員からフィードバックされた点をまとめておきましょう。ここでは、フィードバックをまとめる際の注意点などを説明します。

社員からの言葉やフィードバックを振り返ろう

インターンシップ中には、取り組む姿勢や自分の印象を社員からフィードバックされる機会も多くあります。**自分では気づかなかった強みや弱み**を見つけられるだけでなく、担当社員とのやり取りを通じて**仕事に対する価値観が変化**することもあるでしょう。印象深いエピソードや言葉を書き出しておくと、就活を進めるためのよい材料になります。

反省点や今後の目標に生かす

以下のように、右ページの「EXERCISE」にフィードバックの内容を書き込んでいきましょう。反省点や今後の目標が見えてきます。

 フィードバック内容／反省点・改善点

インターンシップ参加中に社員からもらったプログラムへの**取り組み姿勢や立ち居振る舞い、成果などについての評価**を記入します。弱みだと指摘された部分に関しては、反省点・改善点をあわせて考えていきましょう。自分の成長ポイントが明確になっていきます。

 心に響いた言葉／今後の目標・アクションプラン

社員との交流で印象に残った言葉も書き出してみましょう。「営業はチームプレーも必要」といったように、より具体的に**仕事内容をイメージできたエピソードや自分の見識が広がった言葉**などが、志望動機や自己分析につながるよう、今後の目標・アクションプランもあわせて記入します。

ココがポイント！
社員のフィードバックや言葉は**自己分析や仕事選びの糧**になる

記入例にならい、社員からのフィードバックをまとめてみましょう。参加中に印象に残った出来事も振り返っておきましょう。

企業名		日程	

フィードバック内容	【例】分析力はあるが、遠慮がちで他人に流されやすい。
反省点・改善点	【例】自分の意見をしっかりと持ち、発信力を高める。
心に響いた言葉	【例】「営業はチームプレーも必要」
今後の目標・アクションプラン	【例】職種研究をさらに深めて志望動機につなげる。

社員からのフィードバックを就活に生かそう！

PART 5 インターンシップを振り返り内定につなげよう

LESSON 62 自分の強み・弱みの再検討

ここでは、LESSON60〜61での振り返りから、自己分析を深める方法を紹介します。

インターンシップ後にも自己分析を

インターンシップでは、新たな自分の強みや価値観の発見に結びつくことも多くあります。さまざまな視点からインターンシップを振り返ったLESSON60〜61での「EXERCISE」を踏まえたうえで、**もう一度俯瞰的な視点から自分を見つめ直していきましょう。**

参加前後の強み・弱みをまとめよう

右ページの「EXERCISE」を活用し、さらに自己分析を深めていきます。

まずは、LESSON15で参加前に導き出した自分の「強み」を再検討してみましょう。自分の強みだと思っていた部分、それがインターンシップでどう生かされたのか、書き出していきます。自分の強みのなかから**発揮できた能力を把握する**ことで、将来その強みをどう伸ばしていけばよいのかが見えてきます。

次に、自分の短所や弱みもまとめてみましょう。参加前に自分が弱みだと感じていた点を挙げるとともに、インターンシップを通して改めて気づいた部分を書き出します。その**弱みを克服するための取り組み**もあわせて考えると自己分析が深まります。

ココがポイント！

参加前後の強み・弱みを比べることで**今後の課題が見えてくる**

LESSON60〜61の「EXERCISE」も踏まえながら、自分の強み・弱みを書き出してみましょう。

強み	弱み
自己分析で見つけた自分の強み	自分の短所、弱みだと感じていた点
インターンシップで、その強みがどのように生かされたか	インターンシップで改めて気づいた弱み
将来、その強みをどう伸ばしていきたいか	その弱みを改善するためには何が必要か

PART 5 インターンシップを振り返り内定につなげよう

147

LESSON 63 「就活の軸」を再検討する

　企業や業務をより深く理解できるインターンシップでは、自分が定めた「就活の軸（＝職業選択の基準）」が変化することもあるでしょう。ここでは、就活の軸を再検討してみましょう。

「就活の軸」を見直そう

　就活の軸とは「自分がどんな職業観や人生観を持って業界や職種・企業を選ぼうとしているのか」という職業選びの基準です。インターンシップを通して、**その軸がどう変化したかを振り返る**ことも就職活動においては重要なポイントになります。

　ここで就活の軸をしっかりと定めておくと、本選考通過の可能性も高まります。

インターンシップ前後の変化をまとめよう

　以下の説明にしたがって、右ページの「EXERCISE」を実践しましょう。項目を埋めていくごとに、自分の就活の軸が定まっていくはずです。

■ ［インターンシップ前の］自分の〈軸〉の確認（自己分析より）

　まずは、自己分析などで参加前に定めていた〈軸〉を記入します。「軸が定まっていなかった」のであれば、そのことを書いておきましょう。

■ ［インターンシップ中の］〈軸〉の検証

　次に、インターンシップに参加するなかで、その〈軸〉に影響を及ぼした経験やエピソードなどを書き出してみましょう。
「社内の雰囲気がよかった」と感じたのであれば、「どうしてそう思ったのか」などを深掘りして、事前の〈軸〉を検証していきます。

■ ［インターンシップ後の］〈軸〉の再設定

　最後に、**ここまでの振り返りから〈軸〉を再設定**します。もちろん検証後も当初の〈軸〉が変わらないこともあるでしょう。

　軌道修正を重ねながら、自分の〈軸〉を見つけていきましょう。

下の項目を埋めて、「就活の軸」を再検討してみましょう。

［インターンシップ前の］ 自分の〈軸〉の確認	
［インターンシップ中の］ 〈軸〉の検証	
［インターンシップ後の］ 〈軸〉の再設定	

PART 5 インターンシップを振り返り内定につなげよう

LESSON 64　エントリーシートへの落とし込み

　ここでは、LESSON60から振り返ってきたインターンシップの成果を踏まえ、エントリーシート（ES）へ反映していきましょう。

振り返りをESに活用しよう

　インターンシップで深めた自己分析や企業・業界研究は、本選考のESを作成する際の強い味方です。**インターンシップでの具体的な経験やエピソードを、魅力的なアピール**につなげましょう。

ポイントをおさえて評価されるESに

　インターンシップのエピソードは、自己PRや志望動機だけでなく「ガクチカ（＝学生時代に力を入れたこと）」にも使えます。以下の３つのポイントをおさえながら、LESSON60〜63の振り返りをまとめてみましょう。

ポイント① 得たスキルや成果を明確に

　インターンシップには多くの学生が参加しています。その経験を単にアピールするだけでは評価につながりません。**得たスキルや成果を具体的に伝えられる**ようにしておきましょう。

ポイント② 感想ではなく取り組み方を

　企業が評価するのは、インターンシップへの取り組み方と成長した過程です。感想ではなく、**業務に向き合った姿勢**がうかがえる内容をエピソードとともに考えてみましょう。

ポイント③ その経験をどう生かせるか

　インターンシップでの経験を、入社後にどう生かせるかをアピールすることも大切です。**企業が求める人物像に近い存在であること**を盛り込みましょう。

ココがポイント！
経験から学んだことを**具体的にわかりやすく整理**しよう

150ページのポイントをおさえながら、記入例にならい、LESSON60〜63で整理した内容を自己PR文にまとめてみましょう。

[自己PR文の記入例]

> 　私の強みは「ねばり強く向き合う力」です。
> 　IT系ベンチャー企業で長期インターンシップを経験しました。仕事内容はインサイドセールスでしたが、なかなか新規契約に結びつかなかったことから、積極的に上司と交流を持ち、教えてもらったアポイントの取り方を自分なりにアレンジしたところ、最終的には目標数を達成することができました。
> 　入社後も困難なことがあっても解決のために努力し、最後までねばり強くやり遂げたいと思います。

インターンシップで得た経験を
志望動機やガクチカに使うときも、
同じように3つのポイントをおさえて構成しよう！

PART 5　インターンシップを振り返り内定につなげよう

151

インターンシップと学業の両立

インターン生のギモン

Q. インターンシップは大変だと聞きました。学業やアルバイト、私生活とうまく**両立できるか**不安です。

A. まずは**優先順位**を見極めましょう。そのうえで、しっかりと**スケジュール管理**を行うことが大切です。

インターンシップと学業などの両立は難しいと思われがちですが、以下の5つのステップを実行すれば、うまくこなせるはずです。インターンシップも学業も、今後の人生の糧となるものが得られる絶好の機会なので、しっかり両立させて、充実した学生生活を送れるようにしましょう。

ステップ①　優先順位を見極める
　使える時間はかぎられているため、まずは優先順位を見極めます。やりたいことをノートに書き出してみると、自分の頭のなかを整理できます。場合によっては、趣味や遊びの時間を削ることも選択肢になるでしょう。

ステップ②　スケジュールを管理する
　やりたいことの優先順位がわかったら、スケジュールに落とし込んでいきます。カレンダーや手帳のスケジュール欄に予定を書き込んでいきましょう。やはり紙に書き出すことで、インターンシップの参加期間と勉強時間の兼ね合いなどが判断しやすくなります。

ステップ③　学習を効率化する
　自分の集中力の高まる時間に勉強したり、すきま時間に本を読んだりして、効率化を図りましょう。そこで生まれた時間は他のことに使えます。

ステップ④　コミュニケーションをとる
　インターンシップ先の社員に学業について理解してもらったり、アルバイト先の担当者にインターンシップに参加することを伝えて協力してもらったりと、周りの人とコミュニケーションをとるようにしましょう。

ステップ⑤　リフレッシュする
　たくさんのことをこなしていると、知らない間に心とからだが疲れていきます。病気にかかって貴重な時間が無駄になったりしないよう、しっかりと休息を取り、心身ともにリフレッシュするよう努めましょう。

PART

6

先輩たちの
インターンシップ
リアル体験記

このPARTでは実際にインターンシップに参加した
先輩たちのリアルな声を紹介。
どのような準備をしてのぞんだのか、
どんなワークに取り組んだのか、
あなたの実践の参考にしてください。

※このPARTは、2023年4月、内定塾の学生10名を対象に行ったアンケートの結果をまとめたものです。

インターンシップ参加報告シート

No.01

大学	私立大学
学部・学科	法学部 政治学科
学年	4 年

インターンシップに参加した企業数	1day	短期	長期
	0	5	1

はじめてインターンシップに参加した学年と月	大学3年生の8月

主な参加企業	損害保険会社　　不動産会社 求人サイト運営会社　信託銀行 人材育成会社
期間・形式	大学3年生の8月、4日間、オンライン 大学3年生の2月、2日間、オンライン 大学4年生の8月、2日間、オンライン　など
選考プロセス	・エントリーシート、適性検査→グループディスカッション ・エントリーシート、動画、適性検査(監視型TG-WEB) 　→追加エントリーシート→個人面接　など
ワークや業務の内容・目的	[オンラインでの3日間のインターンシップ] 　台湾に新しくオープンするショッピングセンターのコンセプト、テナントを考えるワーク。1日目は、主に自社の街づくりの特徴、強みを学ぶワークだった。2日目以降には、1日目に学んだことを生かして、実際に暮らす人々のニーズを分析し、コンセプト決めなどを行った。3日目は、最終調整、社員の方とのやり取りがあり、発表。最後には、海外に駐在する社員の方々との座談会があった。

インターンシップに参加した理由・きっかけ

選考に有利になると聞いたから。本命企業の選考に向けて面接の練習をしたいと思ったから。

インターンシップが始まるまでに準備したこと

事前に参加企業の街づくりの特徴、海外事業についてのリサーチをしていた。また「2030年の日本についてのリサーチをしてくるように」と言われていた。その他のインターンシップでは特に事前課題は言われていない。

苦労したことや直面した問題

日程がとてもタイト。4日間で合計3～4回のプレゼンテーションをする。時間に追われるなかで、チームで成果物を出さなければならないため、議論が少しずれている、チーム全体のコンセンサスが取れていないなかでも進めなければならない状況があった。

楽しかったこと、やりがいを感じたこと

議論のなかでどんどんチームの成果物がよくなっていくのを感じた。自分一人では思いつかないような内容のものが完成したときに、やりがいを感じた。さらに、それが会社の人事の方や社員の方に評価されたときには達成感を感じた。

身についた知識やスキル

［バックグラウンドを知らない初対面の相手と協力するスキル］
チームでよい成果物を出すためには、今日はじめて会った人の意見に反対意見を述べる必要もあり、ストレスフルだったけれど、それも今後の社会人としての仕事の場面では必要なのかもしれないと思った。

これからインターンシップに参加する人たちへアドバイス

インターンシップに合格することがゴールではなくて、インターンシップのなかで自分の価値をどのように発揮するかが重要。インターンシップ中に、人事に評価されない、悪い評価を受けた場合には本選考にも響く。インターンシップのワークにおいてチームのメンバーと協力するなかで、他のメンバーにはない個性を出して、チームに貢献することが大事。

インターンシップ参加報告シート

No.02

大学	私立大学
学部・学科	法学部 法政策学科
学年	4 年

インターンシップに参加した企業数	1day	短期	長期
	25	25	0

はじめてインターンシップに参加した学年と月	大学3年生の8月

主な参加企業

地方銀行

期間・形式

大学3年生の8月に1日間、オンライン形式
大学3年生の10月に1日間、対面形式　など

選考プロセス

エントリーシートの提出のみ

ワークや業務の内容・目的

中小企業の社長様を相手に、不動産や事業承継について最適な方法をいくつかの選択肢のなかから理由をつけて発表する形式です。

インターンシップに参加した理由・きっかけ

早期選考やグループディスカッションの練習になると思ったためです。

インターンシップが始まるまでに準備したこと

参加する銀行についてWebサイトを通じて情報を収集することです。

苦労したことや直面した問題

課題に対して、設定されていた時間が少なかったため、議論からそれた話題が発生しないようにすることが大変でした。

楽しかったこと、やりがいを感じたこと

実際に参加銀行の強みである信託機能について、課題を通じて学べることや、時間は制限されていましたが、○○の時間までにアイデアを考えきる、発表内容をまとめるといった自分で考えた段取りがうまくいったときはやりがいを感じました。

身についた知識やスキル

グループワークはよいアイデアを言おうとする場ではなくチームで議論を早く進めることや、一人で作業を抱え込もうとせずメンバーに仕事を依頼することでうまく進められるという知識です。

これからインターンシップに参加する人たちへアドバイス

参加銀行の夏インターンシップ自体は選考に直接かかわっていないと考えるため、肩の力を抜いてグループワークの経験を積もうと考えるくらいがちょうどいいと思います。しかし、いくつかのフォローアップ研修を経て、3月頃に1対1の面談などがある可能性があるので、そこでは、人柄を見られるということは頭のなかに留めておくとよいと思います。

インターンシップ参加報告シート

No.03

大学	私立大学
学部・学科	文学部 コミュニケーション文化学科
学年	4 年

インターンシップに参加した企業数	1day	短期	長期
	1	0	0

はじめてインターンシップに参加した学年と月	大学3年生の10月

主な参加企業

Webサイト制作・運用会社

期間・形式

大学3年生の10月に半日間、リアル形式

選考プロセス

説明会に参加後、インターンシップに応募できるようになった。エントリーシートや面接などの選考はありませんでした。

ワークや業務の内容・目的

Webページ制作。具体的にはコーディングなどのプログラミング作業がメインでした。

インターンシップに参加した理由・きっかけ

アルバイト先の派遣社員の方が働いている企業であったため、仕事内容が気になって参加した。

インターンシップが始まるまでに準備したこと

特にありません。

苦労したことや直面した問題

インターンシップに参加できるようになるまで、説明会の予約を取るのに苦労した。枠がすぐ埋まってしまうのでタイミングに気をつけました。

楽しかったこと、やりがいを感じたこと

自分のプログラミングが実際のwebページに反映されたのを見たときに達成感を感じました。

身についた知識やスキル

パソコンスキルはまったくありませんでしたが、自分が日常で見ているものの裏側の苦労を知り、勉強になりました。使いづらいなと感じているものでも、ひとつひとつ意味が込められており、理由があってその形になっているので、制作者の苦労や思いを大切にしようと考えるようになりました。

これからインターンシップに参加する人たちへアドバイス

書類や面接などの選考があるためにインターンシップ参加をあきらめてしまう学生もいるかと思います。しかし、実際にインターンシップを経験していると業界研究の際に具体的な仕事が想像しやすくなったり、理解を深められたりすると思うので、勇気を出してぜひ参加してほしいと思います。

インターンシップ参加報告シート

No.04

大学	国立大学
学部・学科	理学部
学年	修士1年

インターンシップに参加した企業数	1day	短期	長期
	1	0	0

はじめてインターンシップに参加した学年と月	修士1年生の12月

主な参加企業
化学メーカー

期間・形式
修士1年生の12月に1日間、リアル形式

選考プロセス
なし

ワークや業務の内容・目的
工場内の見学と社員の方との質疑応答

インターンシップに参加した理由・きっかけ

事前に同社の説明会に参加した際の人事の方の対応と事業内容に魅力を感じ、入社に向けた企業研究を進めたいと考えたため。

インターンシップが始まるまでに準備したこと

同社の有価証券報告書から現在の経営状況や今後の方針を調べた。

苦労したことや直面した問題

・自己紹介で少しすべってしまったこと
・専門知識を生かした質問があまりできなかったこと

楽しかったこと、やりがいを感じたこと

・実際に社員の方と間近でお話できたこと
・社員の方同士のやり取りから職場の空気を感じられたこと

身についた知識やスキル

イベント参加前の事前調査を徹底する姿勢を身につけられました。今後も顧客の方とのお話の前に事前調査を行い、「こいつはひと味違うぞ」と思わせる積極性をアピールしたいです。

これからインターンシップに参加する人たちへアドバイス

もし私が人事の方であれば、目の前の学生が自社に確実に入社してくれるかは特に意識する部分だと感じます。特に志望度が高い企業については、選考開始の1年以上前から人事の方にアプローチし、インターンシップやOB訪問についての情報を得つつ志望度の高さを伝えられると、就活においてプラスにはたらくかもしれません。

インターンシップ参加報告シート

No.05

大学	私立大学
学部・学科	経営学部 ビジネスデザイン学科
学年	4 年

インターンシップに参加した企業数	1day	短期	長期
	3	0	0

はじめてインターンシップに参加した学年と月	大学3年生の8月

主な参加企業	インテリア専門商社 繊維専門商社 ビルマネジメント会社
期間・形式	対面1日間 オンライン1日間　など
選考プロセス	抽選、エントリーシートの提出

ワークや業務の内容・目的

・商社体験ワーク(グループでカードを使い、商品の売り買いによる最終売上を競うゲーム)

・ケーススタディのような、企業の事業を生かした課題解決型のグループワーク(商談体験のようなもので、他グループと競う)

インターンシップに参加した理由・きっかけ

　　企業研究を進めるうちに興味を持った。

インターンシップが始まるまでに準備したこと

　　企業の事業内容を把握した。

苦労したことや直面した問題

　　その業界のくわしい知識（ビジネスモデルや事業内容）が足りず、そもそもグループワークの内容が理解しづらかった。

楽しかったこと、やりがいを感じたこと

　　グループが上位になりフィードバックがもらえたこと（特典がつく企業もあった）。

身についた知識やスキル

　　グループディスカッションでの話の進め方や、正しい振る舞いが身についた。

これからインターンシップに参加する人たちへアドバイス

　　インターンシップでも事前準備を怠らず、ある程度の企業研究をしたうえで参加することが大事だと思います。

インターンシップ参加報告シート

No.06

大学	私立大学
学部・学科	商学部 経営学科
学年	4 年

インターンシップに参加した企業数	1day	短期	長期
	11	4	0

はじめてインターンシップに参加した学年と月	大学3年生の8月

主な参加企業	産業機械メーカー 製鉄会社 建設会社(ゼネコン)
期間・形式	大学3年生の8月/2月 いずれもオンライン
選考プロセス	エントリーシートの提出、Webテスト(テストセンター含む)
ワークや業務の内容・目的	どの会社も明確な答えはない課題。それに関する情報が与えられ、情報を使って課題を解決するワークが多かったです。

インターンシップに参加した理由・きっかけ

業界に対する理解を深めるため。

インターンシップが始まるまでに準備したこと

Googleドキュメントの使い方をおぼえるなど、実務的に役立つことをしていました。

苦労したことや直面した問題

オンライン上で初対面の人と意見を言い合うのは最初はどうしようか、というような戸惑いもありました。

楽しかったこと、やりがいを感じたこと

それまでかかわったことのない人たちと、かかわれたことです。

身についた知識やスキル

初対面の人と、オンライン上で画面共有、資料共有などしながら話し合う臨機応変さが身についたかなと思います。

これからインターンシップに参加する人たちへアドバイス

与えられた課題をこなすのはもちろんですが、何を一番知りたいか考えてのぞむととても効果があるのかなと思います。

インターンシップ参加報告シート

No.07

大学	私立大学
学部・学科	法学部
学年	4 年

インターンシップに参加した企業数	1day	短期	長期
	3	2	0

はじめてインターンシップに参加した学年と月　大学3年生の8月

主な参加企業
輸送機器・機械工業メーカー
自動車メーカー
総合電機メーカー
総合商社

期間・形式
1day～3days
オンライン、リアルともに

選考プロセス
・エントリーシートのみ
・エントリーシート、面接2回

ワークや業務の内容・目的

・メーカー：答えが設定されているグループワーク

・商社：新規事業立案

インターンシップに参加した理由・きっかけ

就活前に企業を知るため。企業にロイヤリティを示すため。

インターンシップが始まるまでに準備したこと

新規事業立案のノウハウは知っておくべき（知らないまま参加して後悔した）。

苦労したことや直面した問題

自分の色にグループを染められるか。

楽しかったこと、やりがいを感じたこと

自分が出した意見が採用され、発表するとき。

身についた知識やスキル

・意見発信力
・先導力
・チームビルディング

これからインターンシップに参加する人たちへアドバイス

インターンシップは多かれ少なかれ選考要素はあります。悔いのないインターンシップ（その後の就活）にするため知識の不足があると感じたら事前に勉強し、100％の力を本番で出せるように頑張ってください。

インターンシップ参加報告シート

No.08

大学	私立大学
学部・学科	人間社会学部 心理学科
学年	4 年

インターンシップに参加した企業数	1day	短期	長期
	1	0	0

はじめてインターンシップに参加した学年と月	大学3年生の2月

主な参加企業
着物、和雑貨の販売会社

期間・形式
大学3年生の2月に半日間、オンライン形式

選考プロセス
履歴書の提出、一次面接、店舗見学、最終面接

ワークや業務の内容・目的
ブルーオーシャン戦略を用いた企画提案。参加者は3名いたが、それぞれ企画を考え、発表していく形。

インターンシップに参加した理由・きっかけ
もともとその会社を知っており、着物に興味を持っていたから。

インターンシップが始まるまでに準備したこと
企業研究

苦労したことや直面した問題
自分で一から企画を行ったので、すべての工程を一人で行ったこと。

楽しかったこと、やりがいを感じたこと
自身の企画が認められたとき、企画について賛同してもらえたときにやりがいを感じた。

身についた知識やスキル
実際に店舗でも使われている方法と聞いたので、実際に入社したあともその戦略を用いて取り組めると感じた。

これからインターンシップに参加する人たちへアドバイス
他の参加者の方もいらっしゃると思うので、相手の意見を否定せず、尊重し合いながらインターンシップに参加できるとよいと思います。

インターンシップ参加報告シート

No.09

大学	私立大学
学部・学科	商学部
学年	4 年

インターンシップに参加した企業数	1day	短期	長期
	2	7	0

はじめてインターンシップに参加した学年と月	大学3年生の8月

主な参加企業
鉄道会社

期間・形式
大学3年生の3月に3日間（泊まり込み）　など

選考プロセス
エントリーシート、動画面接、人事面接1回

ワークや業務の内容・目的
沿線地域活性化

インターンシップに参加した理由・きっかけ

先輩がいたため。

インターンシップが始まるまでに準備したこと

事前課題の提出

苦労したことや直面した問題

参加している学生は院生も多く技量の差があったため、議論が複雑になった。

楽しかったこと、やりがいを感じたこと

3日間泊まり込みで食事や人事の方々の心配りが大変丁寧だった。

身についた知識やスキル

就活の軸として日本の大動脈として働きたいという「使命感」が加わった。

これからインターンシップに参加する人たちへアドバイス

本選考エントリーの時期で大変忙しい学生が多いと思うので、インターンシップの開催時期が少し難点になる。

インターンシップ参加報告シート

No.10

大学	私立大学
学部・学科	文学部 英文学科
学年	4 年

インターンシップに参加した企業数	1day	短期	長期
	10	4	1

はじめてインターンシップに参加した学年と月	大学3年生の5月

主な参加企業
銀行
損害保険会社

期間・形式
大学3年生の9月に2週間 など

選考プロセス
エントリーシートの提出、面接1回

ワークや業務の内容・目的
銀行実務

インターンシップに参加した理由・きっかけ

　　インターンシップに参加しておくと選考にプラスになると聞いたため。

インターンシップが始まるまでに準備したこと

　　企業の基本的な情報や業界について調べた。

苦労したことや直面した問題

　　事前に想像していた以上に実務にあたる大変さを学んだ。

楽しかったこと、やりがいを感じたこと

　　上席の方とお話ししたり、アドバイスをいただけたりした。銀行で働くイメージが少しつかめた。

身についた知識やスキル

　　初対面の相手にも簡潔にわかりやすく伝える力

これからインターンシップに参加する人たちへアドバイス

　　インターンシップでは自分のペースを守り、本来の実力を発揮することも大切。落ち着いて自分の言葉で面接にのぞんでください。

インターンシップ中の人脈作り

インターン生のギモン

Q せっかくの機会なので、インターンシップ中に**人脈**を広げたいのですが、どうすればよいでしょう？

A 社員やメンバーに**積極的に話しかけて、良好な関係を築きましょう。ただし、マナーや節度をわきまえること。**

　インターンシップは、人生を変えるような「出会い」をもたらしてくれることもあります。以下のように振る舞って、人とのつながりを持つとよいでしょう。

■ 社員に自分のよい点・悪い点を聞いてみる

　休憩中や業務終了後のちょっとした空き時間に、積極的に社員に話しかけてみましょう。

　特に業務を教えてくれる社員には「自分がどう見えているか」を聞いてみます。「私の悪いところを教えてください」では答えにくいので、**「改善できる点を教えてください」**などと質問しましょう。

　ただし、交流することに力を入れすぎて、与えられた仕事をおろそかにしてしまっては本末転倒です。マナーや節度はわきまえましょう。

■ 参加メンバーとは飲み会やお茶の時間を

　メンバーとは志が同じで一緒に行動することも多いので、インターンシップ中は仲間意識が強くなるはずです。

　インターンシップ中、業務に支障がない範囲で**飲み会やお茶の時間を持つと、グループワークなどにもプラスにはたらく**でしょう。

　ただし、インターンシップ中でも業務上知り得た情報の守秘義務があることを肝に銘じてください。社内のエレベーターや交通機関、SNSなどでは、誰に聞かれても問題のない会話を心がけます。社風や雰囲気、働く人たちの様子などに関する情報も漏らさないように注意しましょう。

インターンシップを
ひとつひとつわかりやすく。

【監修】
内定塾

【編集協力】
米田 政行（Gyahun工房）　荒原 文　吉田 光枝　占部 礼二

【イラスト】
キタハラケンタ

【ブックデザイン】
山口 秀昭（Studio Flavor）　櫻井 ミチ

【モデル】
杉本 真子（ニチエンプロダクション）　三本木 健浩

【撮影】
斉藤 秀明

【ヘアメイク】
土方 証子

【スタイリング】
荒井 静佳

【衣装協力】
ザ・スーツカンパニー新宿本店　チュチュアンナ

【DTP】
アスラン編集スタジオ　櫻井 ミチ

【校正】
山本 尚幸（こはん商会）　東京出版サービスセンター

【企画・編集】
米本 奈生

©Gakken

※本書の無断転載、複製、複写（コピー）、翻訳を禁じます。
本書を代行業者等の第三者に依頼してスキャンやデジタル化することは、
たとえ個人や家庭内の利用であっても、著作権法上、認められておりません。

本書は『就活をひとつひとつわかりやすく。』『エントリーシートと自己分析をひとつひとつわかりやすく。』
『面接とグループディスカッションをひとつひとつわかりやすく。』（Gakken刊）から一部抜粋、再編集しております。